电网生产技改大修项目

全过程管理 典型案例

国网湖北省电力有限公司孝感供电公司　编

中国电力出版社
CHINA ELECTRIC POWER PRESS

内 容 提 要

国网湖北省电力有限公司孝感供电公司组织有关单位，从历年来生产技改大修项目结算审核及审计、全过程审计、数字化审计、巡视巡察中选取具有代表性的典型案例，编写了《电网生产技改大修项目全过程管理典型案例》。本书将案例类别分为项目立项管理、招投标管理、合同管理、可研设计管理、物资管理、施工管理、监理管理、结决算管理、财务管理、档案管理 10 个大类，主要从审核依据、典型案例、形成原因分析和后期规范措施四个方面进行阐述。

本书可供电网企业各相关岗位人员参考使用。

图书在版编目（CIP）数据

电网生产技改大修项目全过程管理典型案例 / 国网湖北省电力有限公司孝感供电公司编.
—北京：中国电力出版社，2024.6
ISBN 978-7-5198-8862-6

Ⅰ．①电… Ⅱ．①国… Ⅲ．①电网－技改工程－工程项目管理－案例－中国 Ⅳ．①F426.61

中国国家版本馆 CIP 数据核字（2024）第 081438 号

出版发行：中国电力出版社
地　　址：北京市东城区北京站西街 19 号（邮政编码 100005）
网　　址：http://www.cepp.sgcc.com.cn
责任编辑：张　瑶（010-63412503）
责任校对：黄　蓓　朱丽芳
装帧设计：赵姗姗
责任印制：石　雷

印　　刷：三河市百盛印装有限公司
版　　次：2024 年 6 月第一版
印　　次：2024 年 6 月北京第一次印刷
开　　本：710 毫米×1000 毫米　16 开本
印　　张：7.75
字　　数：110 千字
定　　价：39.00 元

编　委　会

前　言

近年来，国网湖北省电力有限公司孝感供电公司（简称公司）电网生产技改大修项目管理制度体系逐渐优化、完善，前期精准投资、实施过程管控、后评价专题分析等方面取得显著成绩，有力提升了公司技改大修项目精益化管理水平。

同时公司面临的外部检查压力越来越大：一方面，十八大以来，党中央、国务院不断强调依法治国，重视党纪国法，持续加强违法、违纪行为的监督检查；另一方面，公司作为关系国民经济命脉和国家能源安全的特大型国有重点骨干企业，承担着保障国家电力供应的重要使命，承担着国有资产保值增值的经济责任，还承担着重大的政治责任和社会责任，必然成为政府部门监管、社会监督的重点对象。

国家发展和改革委员会（简称国家发展改革委）出台《输配电定价成本监审办法》，不断加强输配电成本监审、完善并细化成本监审审核方法。同时，国家对审计工作提出新的更高要求，提出要做到应审尽审、凡审必严、严肃问责，更好发挥审计在党和国家监督体系中的重要作用。特别是对审计全覆盖，对重大政策措施、重大投资项目、重点专项资金的审计监督提出明确要求。

基于以上严峻形势，为及时总结经验，便于各单位相互交流和借鉴，公司组织有关单位，从历年来生产技改大修项目结算审核及审计、全过程审计、数字化审计、巡视巡察中选取具有代表性的典型案例，进行《电网生产技改大修项目全过程管理典型案例》编写，旨在进一步提升公司技改大修项目精益化管理水平，规范项目管理，降低经济审计、外部巡察风险。

本书共收集典型案例 101 个，针对典型问题提出 158 条规范措施。本书主要从储备编制、可研评审、年度计划编制、设计编审、招投标、合同签订、项目施工、竣工验收、结决算、资金支付和档案归档 11 个环节开展典型问题案例梳理，将案例类别分为立项管理、招投标管理、合同管理、可研设计管理、物资管理、施工管理、监理管理、结决算管理、财务管理、档案管理 10 个大类，案例梳理主要从审核依据、典型案例、形成原因分析和后期规范措施四个方面进行阐述。

其中"审核依据"主要参考国家电网有限公司（简称国家电网公司）发布的项目管理、财务管理、物资管理、合同管理等相关制度，指明相关业务活动的规范要求、要点及注意事项；"典型案例"主要来源于日常审计、全过程审计、巡视巡察发现的各类典型案例；"形成原因分析"主要分析典型案例产生的技术原因和管理原因；"后期规范措施"主要针对典型案例提出改进措施和解决办法，力争后续杜绝同类问题发生。

由于编者水平和编写时间有限，难免存在一些不妥之处，请广大读者批评指正。

编者

2024 年 5 月

目 录

1

项 目 立 项 管 理

1.1 问题：项目申报边界混淆

储备项目编制阶段，须严格区分生产技改、生产大修、电网基建、零购、小型基建、非生产性技改边界，不同工作内容项目申报须"对号入座"。

一、审核依据

■ **《国网湖北省电力有限公司 2021 年生产技改大修储备项目编报审查要点》可研编报规范**

（一）立项规范

1. 生产技改与设备大修项目边界

生产技术改造是利用成熟、先进、适用的技术、设备、工艺和材料等，对现有电网生产设备、设施及相关辅助设施等资产进行更新、完善和配套，提高其安全性、可靠性、经济性和满足智能化、节能、环保等要求。生产技术改造投资形成固定资产（参考财务最新固定资产目录），是企业的一种资本性支出。

生产设备大修是指为恢复资产（包括设备、设施以及辅助设施等）原有形态和能力，按项目制管理的修理性工作。设备大修不增加固定资产原值，是企业的一种损益性支出。

生产技改大修范围包括电厂设备、电网一次设备、厂站自动化系统、调度自动化系统、继电保护及安全自动装置、电力通信系统、自动控制设备、电网（厂）生产建筑物、构筑物等辅助及附属设施、安全技术劳动保护设施、非贸易结算电能计量装置、监测装置等。

1.1 对于项目中更换或新增设备组部件的，项目支出达到取得固定资产时的计税基础（固定资产原值）50%及以上，应列为生产技改项目。在评估设备局部更换列入技改或大修项目时还应充分考虑改造或检修设备现状，如为逾龄设备宜列入技改。

1.2 考虑到输电线路中杆塔在资产价值中占比较大，110kV及以下线路更换杆塔5基以上应列入技改。

1.3 隔离开关更换导电部分、变压器套管、分接开关及冷却装置、断路器操作机构及套管等可列入技改。

1.4 配电10kV线路大修长度超过总长50%不应列入技改大修。

1.5 备品备件（含低值易耗品，如灯泡、插座、空开）不应纳入生产技改大修。

常见错误示例：

"国网湖北××供电公司110kV××变电站等变电站、公司调度楼视频监控扩容整治"项目，项目内容包含"购置2台服务器"，服务器为形成固定资产的设备，不应列入大修项目。

2. 生产技改与电网基建项目边界

2.1 整站、整线和扩大电网规模、提高输电能力的整变、整间隔改造列为电网基建项目。

2.2 纳入电网基建程序管理独立于输变电工程一次系统以外的配电自动化、通信、调度自动化新建或整体改造项目列为独立二次项目。

2.3 主变压器因重大缺陷或隐患需纳入技改项目更换的，因变压器容量标准提升难以替换为原容量的，综合考虑经济性和可操作性采用当前主流标准容量变压器。

2.4 全站开关柜更换改造项目，综合考虑经济性、安全性的因素，经评估后，可以结合需求一次改造到位。

常见错误示例：

"国网湖北××供电公司 35kV××变电站新增主变压器"项目，因负荷增长需新增 1 台主变压器，单纯因主变压器增容需求立项的储备项目应纳入电网基建。

3. 生产技改大修与小型基建、非生产技改大修项目边界

小型基建项目包括为企业生产经营服务的调度控制、生产管理、运行检修、营销服务、物资仓储、科研实验、教育培训用房和其他非经营性生产配套设施的新建、扩建和购置。

非生产性技改大修项目是指各单位非生产性房屋（办公用房、会议中心、培训中心、医院、独立车库）及其配套设备设施改造、维修项目。

3.1 仓储设施、特种车辆车库、无人机库房、通信及自动化机房的新建、扩建列为小型基建项目，改造、修理列为技改大修项目。机房生产设备、设施的新增、改造可纳入生产技改，库房内无安装工作量的设备、设施购置列为固定资产零购项目。视频会议系统新增、改造、修理可列为技改大修项目。

3.2 变电站（配电室）内的各类设施、线路运维保障设施（巡检站、观冰站点等）的改造、修理列为技改大修项目。

常见错误示例：

"国网湖北××供电公司××县调机房搬迁改造"项目，项目内容中包含新建通信机房 1 处，应纳入小型基建；"国网湖北××供电公司网络升级改造"项目，项目内容包含办公大楼各楼层光缆更换，应纳入非生产技改。

4．生产技改大修与营销项目边界

营销项目包括用电营业、电能计量、市场与能效、智能用电、供电服务等方面投入，含计量中心和营业网点等营销用房的修缮（包括墙面粉刷等）投入。

4.1　0.4kV 低压接户线以上（户表前）生产设备纳入生产技改大修范围，贸易结算计量装置更换等列为营销项目。

4.2　变电站开关柜改造同步新增的关口考核表计，列入技改项目。

5．生产技改与零购项目边界

固定资产零星购置是指在公司固定资产目录内未纳入工程项目管理、可以独立发挥作用且无建筑安装工程量的仪器仪表、工器具及运输工具等固定资产。

5.1　无需安装的仪器仪表、工器具的新增、更换列为零购项目，有安装工程量的仪器仪表、工器具（如电压监测仪、巡检机器人）的新增、改造列为生产技改项目。

5.2　生产特种车辆的改装、升级及大修可列为生产技改大修项目。

常见错误示例：

"国网湖北××供电公司无人机及库房改造"项目，新购置 2 台旋翼无人机，按标准配置无人机专用库房 1 个，应纳入零购及小型基建项目。

6．生产技改大修与信息化项目边界

信息化项目包括一体化集团企业级信息集成平台（简称一体化平台）、业务应用、信息化保障体系建设改造等投入。如电网数字化领域内的咨询设计，信息系统开发实施、优化改造、更新升级、综合评估，数据资源接入、处理和应用，网络安全服务，配套软硬件和数据产品购置等相关项目，范围涵盖基础设施、企业中台、业务应用、数据价值、全场景安全运行等方面。

电力监控系统具体包括电力数据采集与监控系统、能量管理系统、变电站自动化系统、换流站计算机监控系统、发电厂计算机监控系统、配电自动化系统、微机继电保护和安全自动装置、广域相量测量系统、负荷控制系统、水调自动化系统和水电梯级调度自动化系统、电能量计量系统、实时电力市场的辅助控制系统、电力调度数据网络等。

6.1 生产用监控、操作系统的改造大修可列为生产技改大修项目。

6.2 办公日常管理系统的升级改造和修理维护，各管理系统之间的接口集成不得列入生产技改大修项目。

6.3 配抢指挥平台作为工程生产管理系统（power production management system，PMS）功能模块，其建设改造及运维检修不应列入生产技改大修项目。

常见错误示例：

"国网湖北电力调控中心 PMS 与订单管理系统（order management system，OMS）系统基础数据互联互通及深化应用技术改造"项目，系统之间接口集成不应列为生产技改项目。

7. 生产大修与日常费用项目边界

日常费用包括日常运维管理和设备的巡视、清扫（含带电水冲洗）、保养、试验、检测、调试、标识维护，工器具及试验用仪器仪表检测、校验，线路走廊伐树，变电站锄草、除雪，车辆检测、保养等费用。设备标牌、围栏、普通锁具、密封条、插锁、空开、灯具等单位价值较低的部件损坏或脱落后的补充等零星修理。

7.1 因设备编号规则变化或标识格式、规范变化而导致的一定范围内的设备批量更换标识可列为生产大修项目。

7.2 输电退役线路整体拆除等单独拆除类项目不允许列入生产技改大修。

7.3 安全工器具的购置、保养和维护不允许列入生产技改大修。

7.4 仪器仪表、工器具、运输工具的日常保养、检测、维护列为日常维护项目。

常见错误示例：

"国网湖北××供电分公司 10kV 四排线等线路通道治理"项目，大修规模为清理通道内树木 2500 棵，应列入日常运维。

二、典型案例

【案例1.1.1】技改项目列入大修

2021 年××公司实施"10kV××等 60 个台区配电变压器大修""10kV××等 61 个台区配电变压器大修"2 个生产大修项目，计划施工内容为维修 121 台台区变压器，实际采购了 43 台配电变压器，涉及金额 54.03 万元。项目管理单位申报项目时以维修名义实则更换配电变压器，以大修开展技改类项目。

技改项目列为大修项目申报，大修项目为成本类项目，竣工后无法转资增加公司资产原值，对公司来说是一种损失，影响后续生产标准成本测算以及电价核算。

【案例1.1.2】大修项目列入技改

2021 年××公司实施"10kV××等 60 个台区配电变压器大修""10kV××等 61 个台区配电变压器大修"2 个生产大修项目，计划施工内容为维修 121 台台区变压器，实际采购了 43 台配电变压器，涉及金额 54.03 万元。项目管理单位申报项目时以维修名义实则更换配电变压器，以大修开展技改类项目。

【案例1.1.3】大修项目立项不合规

2020年××公司申报国网湖北××供电公司 35kV××变电站 35kV 双32 等 8 台断路器大修项目，项目内容为对 8 台断路器操动机构进行维修（原机构卡塞，不能远方遥控操作等缺陷）。其中 8 台断路器总资产原值约为68 万元（查询 PMS 资产价值信息见图 1.1.1），查询信息价 35kV 断路器中标价格：7.1 万元/台（含税），8 台 56.8 万元，大修项目计划资金 41 万元，超出资产原值 50%，推荐直接更换新的断路器列入技改项目，项目内容改为更换 8 台新断路器。

图 1.1.1　PMS 资产信息查询图

【案例1.1.4】基建项目列入技改

2021 年××公司申报的国网湖北××供电公司 110kV××变电站 1 号主变压器更换技改项目，项目内容为由于××变电站 1 号主变压器重过载，故将原 31500kVA 主变压器更换为 50000kVA 主变压器，单纯因主变压器增容需求立项的储备项目应纳入电网基建。

【案例1.1.5】小型基建项目列入技改

2019 年××公司申报的国网湖北××供电公司××县调机房搬迁改造技改项目，项目内容中包含新建设通信机房 1 处，应纳入小型基建。

【案例1.1.6】非生产性技改列入生产性技改

2020 年××公司申报的国网湖北××供电公司网络升级改造技改项目，项目内容包含办公大楼各楼层光缆更换，应纳入非生产性技改。

【案例1.1.7】零购项目列入技改

2020 年××公司申报的国网湖北××供电公司无人机智能巡检技改项目，新购置 5 台旋翼无人机，应纳入零购项目。

三、形成原因分析

不同工作内容对应申报的项目类型不同，项目申报人员若未理解各类项目适用范围则容易混淆申报。简单来说，技改项目为设备更换，大修项目为对原设备进行维修、更换零部件；基建项目为整线、整站改造或新建，提升电网供电能力，改变电网结构和运行方式。

四、后期规范措施

（1）定期组织储备项目编制人员学习项目编报规范要点，加强对项目编报人员的专业知识培训，提升项目质量。

（2）加强项目需求审查，针对项目单位编制的储备项目需求，组织集中审查。严格审查储备项目规范性，边界错误不规范的项目不允许纳入储备库。

1.2 问题：储备编制零散

储备项目编制阶段，对同一实施地点不同改造对象的内容应整合打包为一个项目，避免零散申报造成重复停电。

一、审核依据

■ 《国网湖北省电力有限公司 2021 年生产技改大修储备项目编报审查要点》可研编报规范

8. 项目合并与拆分

涉及不同停电单元的 220kV 及以上电压等级的项目不宜合并立项。确需合并立项的，应确保所有单元均可停电。

8.1 同一电压等级的且同一类设备的改造或大修可合并立项。如 2 台 10kV 变压器更换，可合并为 10kV××台区等台区配电变压器更换。

8.2 同一站（所）或同一线路的一二次设备配合改造可合并立项。如 1 座 110kV 变电站的一次、二次设备同时改造，可以合并为 110kV××变电站 110kV 断路器等设备综合改造。

8.3 同一站（所）内不同电压等级的同一类设备的改造或大修可合并立项。如 1 座 110kV 变电站里 35kV、110kV 的断路器改造可以合并为

110kV××变电站 110kV 及以下断路器改造。

8.4 不同电压等级输电线路的同一类改造或同一类大修可合并立项。如 110kV、220kV 输电线路拉线大修，可以合并为 220kV××线等输电线路拉线大修。

8.5 不同资产属性、不同项目实施单位的项目不能合并立项。同一系统的不同功能和不同模块的改造、大修不应拆分立项。主项目的衍生、配套内容不得拆分立项。

8.6 跨专业且无施工配合的项目不得合并立项。

二、典型案例

【案例1.2.1】项目申报未考虑重复停电

2021 年一季度申报储备项目：国网湖北××供电公司 35kV××变电站雷 33、34 开关更换技改项目，项目内容更换雷 33、34 开关。

2021 年二季度申报储备项目：国网湖北××供电公司 35kV××变电站雷 331、336、341、346 刀闸更换技改项目，项目内容更换雷 33、34 间隔两侧刀闸。

两个项目内容均涉及对 35kV××站 33、34 间隔改造，但分两个项目、两批储备进行申报。若一个项目于 2022 年批复，另一个项目 2023 年批复，则存在重复停电，违背一停多用、一停多检的原则。应该打包为一个项目进行申报。

三、形成原因分析

（1）项目申报人员专业水平不足，未真正理解技改大修编报要点，不懂得如何优化储备项目质量。

（2）技改大修项目申报核心原则是集中改造，对一座变电站或同一间隔改造，应做到"一网打尽"，通过一次停电机会将所有有问题的设备全部改造，严禁"东一榔头、西一棒子"。

四、后期规范措施

（1）在 PMS 技改大修储备编制模块中增加同一间隔设备自动关联提示功能（设备信息查询见图 1.2.1）。例如：同一年度申报的两个项目，雷 33 开关更换与雷 334、336 刀闸更换分两个项目申报录入 PMS 系统时会提示"雷 33 间隔，同一年度同一间隔设备关联，建议整合为一个项目申报"。

（2）严把储备需求审核关，不允许储备单一设备更换的零星项目（应急项目除外）；必须将同间隔、同类设备整合打包申报，避免因为分散、多次申报造成重复停电事件发生。

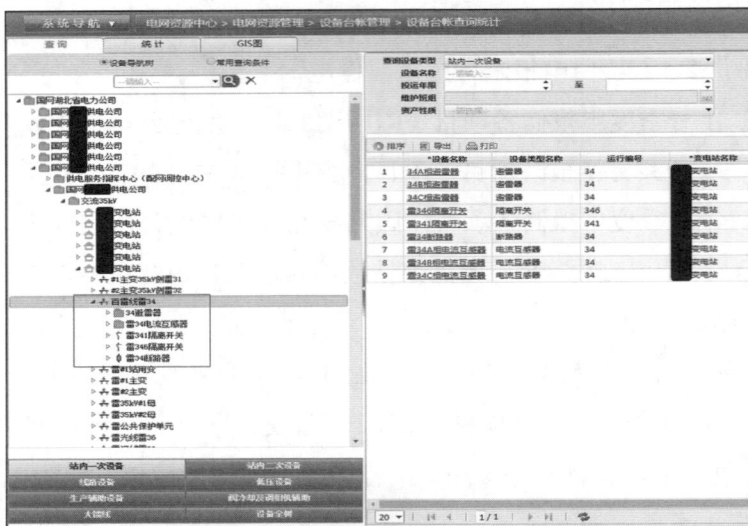

图 1.2.1　设备台账查询图

1.3　问题：项目立项命名不规范

储备项目编制阶段，项目管理单位应严格审查项目名称规范性。例如：技改大修项目名称统一为"国网湖北"起头；技改项目严禁出现"整治""治理""修理""维修"等字段；大修项目严禁出现"改造""更换""新增"等字段。

一、审核依据

■ 《国网湖北省电力有限公司 2021 年生产技改大修储备项目编报审查要点》

项目名称编报要点

项目名称格式为：项目单位+设备（设施）坐落位置+设备（设施、部件）名称+工作内容。

1. 项目单位

按项目实施单位由高到低逐级填写，格式为：国网湖北+地市（省直属单位）+县市（市直单位），可使用缩写，如国网湖北襄阳供电公司、国网湖北襄阳枣阳市供电公司、国网湖北孝感安陆供电公司 35kV 洑水变电站综合设备改造、国网湖北孝感云梦供电公司 35kV 伍洛变电站直流系统更换。

2. 设备（设施）坐落位置

当设备（设施）坐落位置为变电站（开关站、换流站等）、线路、台区时，必须注明电压等级，名称应缩写为某某站、某某线、某某台区，可根据需要选择是否注明双重编号。发电厂、机房、仓库可不标注电压等级。当涉及多个位置时，简写为某某站等变电站（线路、台区）（如 110kV 顺安站等变电站），当涉及多个电压等级时，应从最高电压等级的站（线、台区）中选择示例。对于工器具、仪器仪表和车辆，因其无固定的安装位置，项目名称中不需注明坐落位置，但应注明所属专业或用途。

3. 设备（设施、部件）名称

设备（设施、部件）名称应统一为规范名称（如断路器、隔离开关、互感器等），当涉及多个设备时，宜简写为某某等设备、某某等综合设备。除电压等级为其他的，应注明设备电压等级，当涉及多个电压等级时，宜列举最高电压等级，如 35～220kV 断路器可注明 220kV 断路器等设备或注明 "220kV 及以下断路器"。

4. 工作内容

概述项目的实施内容，如绝缘化大修、对地距离不足改造等。涉及工作内容较多的，可列举主要工作内容加"等综合大修"或"等综合改造"。技改项目严禁出现"整治""治理""修理"等字段；大修项目严禁出现"改造""更换""新增"等字段。

常见错误示例：

"国网湖北××供电公司 110kV 故障录波器改造"缺少站线名称或设备坐落位置；"国网湖北××供电公司配电线路设备标识大修"缺少站（线）或设备电压等级、设备（设施）坐落位置。

二、典型案例

【案例1.3.1】技改与大修项目命名混淆

2021 年申报的"国网湖北××供电公司 35kV××变电站、××变电站等 2 座变电站远动通信设备整治"技改项目，项目内容为更换变电站远动装置，应改为"国网湖北××供电公司 35kV××变电站、××变电站等 2 座变电站远动通信设备改造"。

【案例1.3.2】项目名称遗漏基本信息

2020 年申报的"国网××供电公司 220kV××变电站等站点通信电源更换"技改项目，项目名称遗漏"湖北"，应改为"国网湖北××供电公司 220kV××变电站等站点通信电源更换"。

三、形成原因分析

技改大修项目申报有其申报要求，除工作内容应符合立项原则，项目名称也有原则性要求。所有项目应以"国网湖北××"起头，名称若错误无法通过规范性审查，无法纳入 PMS 储备库。

四、后期规范措施

（1）定期组织项目专责对《国网湖北省电力有限公司 2021 年生产技改大修储备项目编报审查要点》学习，创建项目名称时严格按照技改大修项目命名规则进行命名。

（2）在储备需求编制阶段，运维检修部组织对项目基本信息认真审查，在出评审意见前及时纠错、更改。

1.4　问题：重复立项

除设备故障抢修，五年内同一设备不允许重复申报技改或大修。重复立项涉及套取国有资金及相关人员廉洁风险。

一、审核依据

■《国网湖北省电力有限公司关于印发生产技改大修项目管理考核指导意见（试行）的通知》（鄂电司设备〔2019〕7号）

考核范围及关键指标　第五条

过程管理项指标评价项目管理情况，涵盖项目前期阶段、实施阶段、后期阶段，具体包含：

重复立项：在项目储备申报过程中，经省公司或总部检查，发现与近5年储备库中项目关联同一设备的项目，除设备事故抢修及新反措执行外，五年内同一设备不重复改造或大修。

二、典型案例

【案例1.4.1】不同项目内容存在重复

2021年批复的国网湖北××供电公司110kV××等变电站11套UPS系统大修项目。项目内容：对220kV××、××等变电站，共计11套UPS系统进行大修，并完善相关电源回路。

2021年批复的国网湖北××供电公司220kV××变电站直流系统更换技改项目。项目内容：更换××变电站2组蓄电池（2V、400A·h、104只，带具备103规约通信功能电池巡检仪）、充电机3套、直流监控装置及绝缘监测装置各2台（需具备103规约通信功能，绝缘监测装置还需具备交流串直流报警功能），2 套 UPS。

两个项目内容均涉及对 220kV××变电站的 UPS 进行维修或更换，均在 2020 年入储备库，2021 年纳入投资计划。项目内容重叠，存在重复立项。

【案例1.4.2】项目竣工后台账更新不及时、储备项目库更新不及时

2021 年生产技改储备的国网湖北××供电公司 10kV××等 22 个台区 10kV 配电变压器改造项目：对 10kV××等 22 个台区配电变压器进行更换。

2019 年生产技改下达国网湖北××供电公司 10kV××等 13 台高能耗配电变压器改造：对 10kV××等 13 个台区配电变压器进行更换。

两个项目均涉及对 10kV××台区配电变压器更换，项目内容重叠。台区配电变压器在 2019 年改造更换后，未及时对各类台账信息更新，项目专责人员调整后，工作交接不彻底，造成在 2021 年再次将已改造的台区变电器申报储备进行改造。

项目开展可研时相关人员未去现场踏勘，未发现 10kV××台区配电变压器于 2019 年已更换，不应纳入改造对象。

【案例1.4.3】相同设备隐患多渠道申报项目解决

2021 年生产技改下达国网湖北××供电公司 35kV××变电站 35kV 隔离开关改造工程：对 35kV××变电站内 10 组老旧隔离开关进行改造。

2021 年基建项目下达 35kV××变电站改造工程：对 35kV××变电站整站进行改造，包含站内 10 组老旧隔离开关进行改造。

2021 年基建项目已涵盖生产技改项目实施内容。设备老旧严重，生产人员迫切希望尽快解决设备隐患、缺陷，多个渠道申报项目储备解决，因跨部门等因素，项目立项信息了解不及时，造成项目在多个维度立项。

三、形成原因分析

1. 项目录入PMS储备库不规范

项目专责在录入 PMS 储备库时未按照项目内容关联对应的改造对象，遗漏××变电站 UPS 关键设备，存在套取国有资金及相关人员廉洁风险。

国网湖北××供电公司 110kV××等变电站 11 套 UPS 系统大修情况见图 1.4.1。

图 1.4.1　国网湖北××供电公司 110kV××等变电站 11 套 UPS 系统大修情况

国网湖北××供电公司 220kV××站直流系统更换情况见图 1.4.2。

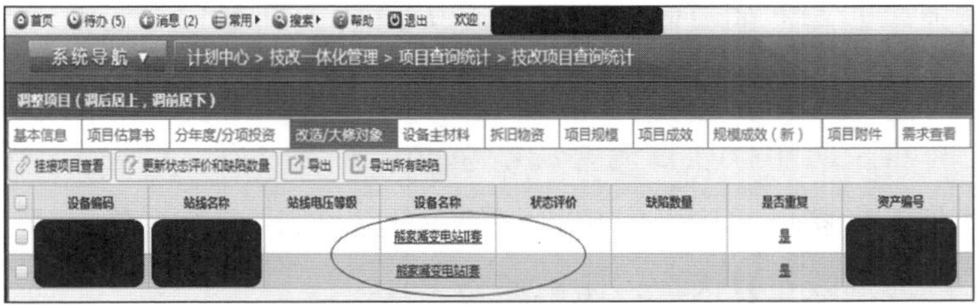

图 1.4.2　国网湖北××供电公司 220kV××站直流系统更换情况

国网湖北××供电公司 110kV××等变电站 11 套 UPS 系统大修项目，其中××变电站 PMS 改造对象关联为 UPS 电源，国网湖北××供电公司 220kV××变电站直流系统更换技改项目，××变电站 PMS 改造对象关联为直流系统电源，未关联 UPS 电源，导致 PMS 重复立项校核通过。

2．储备规范性审查不严谨

PMS 审查过程中未仔细核对项目改造内容，未发现改造对象漏关联××变电站 UPS 关键设备。

3．重复立项发现方式单一

重复立项审查方式单一，仅依靠 PMS 系统提示五年内设备是否重复关联来判定项目是否重复立项，若 PMS 录入人员未关联改造对象、审查人员也未发现则无法有效避免重复立项。

4．技改大修、基建、二次租赁项目改造内容易重叠

技改大修、基建、二次租赁项目因为归口管理部门不同，信息交互不畅通，容易造成内容重叠申报立项。

四、后期规范措施

（1）加强储备项目查重、多途径发现重复立项。储备项目审查不可仅依赖 PMS 系统提示五年内设备是否重复关联而判定项目是否重复立项，还可通过对照项目明细表针对改造设备进行筛查。比如：220kV××变电站直流系统更换技改项目，可在近五年的技改大修项目清单中查找到××变电站所有的技改、大修项目，再细化查找直流系统、UPS 相关内容，从而发现有无重复立项。

（2）组织项目管理人员学习近年来巡视巡察、经济审计典型案例，辨识项目管理专业存在的风险点，让相关人员认识到重复立项存在的利害关系，提升项目申报人员风险意识观念。

（3）每年及时申报项目调整，剔除重复立项内容。对下达投资计划的项目若存在重复立项，应及时申报每年 9 月份项目调整批次，重新履行可研审批流程，剔除重复内容，防范风险。

1.5　问题：立项未考虑实施条件

储备项目纳入年度计划之前需核实项目能否安排停电计划、负荷能否转供，避免项目下达后无法实施。

一、审核依据

■《国网湖北省电力有限公司关于印发电网生产技术改造和设备大修原则的通知》（鄂电司设备〔2021〕12 号）

三、总体原则

坚持统筹协同，注重技术改造、设备大修与基建等计划的协同，经综合改造的设备实现"五年不大修、十年不技改"的目标；注重技改、大修与检修、停运计划的协同，实现"应修必修、修必修好"，避免设备"失修"或"过度改造"；统筹输电与变电、一次与二次、跨单位与跨地域改造需求；对于需要 220kV 及以上电网设备停运的技改项目，可行性方案应详细论述停电施工过渡措施，涉及不同停电单元项目不允许打包安排，停电计划未落实的项目不安排。

■《湖北电网发输变电设备停运管理办法》

第十五条 停运计划的编制原则 输变电设备

3. 设备停运应统筹安排，在修试校计划基础上，结合基建、技改项目统筹实施，同一停电范围的设备停运，不同维护单位应相互配合，同步进行，避免造成重复停运。

5. 220kV 及以上输变电设备计划停运周期根据设备状态评估情况安排，除新投运设备或重新投运设备外，原则上计划停运周期应超过 2 年，不满足计划停运周期的基建、市政、技改等停运需求，除省公司统一协调、督办的重大项目外，原则上不纳入年度计划编制，应由设备运维单位在项目实施前一个月办理临时停运申请手续。

二、典型案例

【案例1.5.1】项目立项未考虑停电计划

2019 年批复大修项目：国网湖北××供电公司 220kV 1～38 号杆塔加装 F×BW-220/120 型防舞相间间隔棒 84 套，杆塔螺栓加装双帽 36 基。更换 37 号、38 号杆塔绝缘子为 F×BW-220/120 型 6 串，更换金具为 16t 强度。

220kV××线于 2018 年已停电检修，由于 220kV 线路的停电周期为 2 年，所以 2019 年 220kV××线无法停电，导致 2019 年国网湖北××供电公司 220kV××线 1～38 号防舞大修项目无法实施。

【案例1.5.2】项目上报未认真核查停运能力

2021 年批复国网湖北××供电公司 10kV××线等 7 条线路绝缘化改造。项目内容涉及 10kV××线等 7 条线路停电工作，由于地区配电网停电灵活性差，只能多条线路同停，导致停电范围大，时户数超标，当年无法竣工，应分年度、分批次进行申报，避免项目下达后无法按照里程碑竣工。

【案例1.5.3】项目上报未考虑负荷转供

2021 年批复大修项目：国网湖北××供电公司 110kV××变电站安 2 号主变压器等 4 台变压器近区短路隐患整治，项目内容涉及 110kV××变电站停电装热缩管。

110kV××变电站为单主变压器，10kV 负荷为钢厂生产用电，钢厂为单电源，负荷无法转供，导致无法停电。项目下达后无法实施。

三、形成原因分析

项目单位在立项、可研评审环节，未审查停电计划、负荷能否转供等原则性问题，缺失对关键、核心内容进行审查把关的环节。

四、后期规范措施

（1）项目管理单位上报项目前需进行严格审查后再行上报，特别是大修项目无法调整跨年实施，停电计划、负荷转供无法落实的项目不予申报。由于 220kV 及以上电压等级停运周期应超过 2 年，且须中调审批，所以优先重点审查涉及 220kV 电压等级设备停电的储备项目，停电计划是否协同。

（2）由于停电计划、负荷转供原因无法按期竣工的技改项目，应及时申请调整里程碑；由于大修项目无法调整里程碑，对于当年无法竣工的大修项目应及时申请调减。

1.6　问题：未批先建

除应急项目外，在未下达投资计划或已下达投资但未签订施工合同的情况下提前实施项目属于未批先建，该行为违反了《国家电网有限公司合同管理办法》等相关管理规定。

一、审核依据

■ 《国家电网有限公司合同管理办法》

第三章 第四节

第二十九条 合同生效前，不得实际履行合同，涉及财务支出的不得付款。

■ 《国家电网公司输变电工程前期管理办法》［国网（基建/3）803-2016］

第三十四条 取得初步设计批复后，建设管理单位及时申报施工招标（就近纳入招标批次），配合做好招标准备有关工作。中标结果发布后，及时组织合同签订。

二、典型案例

【案例1.6.1】项目未取得批复文件，先行开工建设

2020年，××公司下达××供电公司"10kV××线××台区等台区低压终端头大修"项目投资计划73.8万元。经检查发现，2019年3月施工单位××公司已采购施工物资并签订采购合同，早于可研批复时间4个月。

【案例1.6.2】施工合同未签订的情况下提前实施项目

国网湖北××供电公司35kV××线02~03号杆线路改造工程于2020年5月20日开工，施工合同签订时间为2020年6月5日。

三、形成原因分析

（1）项目管理单位法律法规意识不强，业主项目部管理缺失。类似低压终端头大修等急需实施的项目，可以提前实施，但应及时履行应急项目备案流程，通过申报当年的应急项目进行解决。

（2）中标通知书发布后，项目管理单位未及时组织施工单位完成合同签订手续，导致合同签订日期晚于实际施工日期。

四、后期规范措施

（1）加强合同管理，严格按照国家相关法律法规和国家电网公司相关制度规范合同管理流程，履行合同内容。

（2）加强应急项目管理，对于严重影响设备安全运行的内容，可以提前实施，但应及时履行应急备案流程，通过当年应急项目解决，确保项目管理流程合规、规范。

2

项目招投标管理

2.1 问题：未履行招标手续

2.1.1 问题：服务应招标未招标

施工单项合同价超 400 万元人民币以上；勘察、设计、监理等服务的采购单项合同价在 100 万元人民币以上的项目必须进行单项招标，不允许使用框架合同。

一、审核依据

■ 《省公司集中采购标准化工作手册》（工程服务类）

第二篇　第一章

二、框架招标采购

2. 框架施工项目单笔合同限额不超过 400 万元，设计、监理及其他服务项目单笔合同限额不超过 100 万元，具体项目以实际发生为准。如项目概算超出单笔合同限额，项目单位则不可采用框架采购结果，需以批次招标采购形式进行采购计划提报。

二、典型案例

【案例2.1.1】项目概算超框架项目单笔合同限额，未公开招标

国网湖北××供电公司 110kV××全站改造技改项目，初步设计批复

施工金额为 610 万元，超过框架施工单项合同 400 万元限额，但施工合同签订依据采用框架中标通知书。

三、形成原因分析

（1）项目单位不熟悉批次招标采购与框架招标采购边界，主观使用框架招标，规避批次招标流程。

（2）合同审批流程不严谨，相关部门未发现中标通知书为框架招标采购。

四、后期规范措施

（1）加强项目单位专责针对《省公司集中采购标准化工作手册》的培训学习，招标需求申报及合同签订需严格按照管理办法执行，对于违规操作应纳入个人考核。

（2）定期组织合同管理培训，重点讲解技改大修合同签订规范及批次招标与框架招标中标通知书的区别，严把合同关。

2.1.2　问题：物资规避招标

物资采购阶段，物资管理规定应甲供的物资，禁止由乙方采购；甲供物资转乙供是物资专项审计、巡视巡察重点检查内容。

一、审核依据

■ 《国网湖北省电力有限公司集中采购目录》《国家电网有限公司物资管理通则》

文件中明确规定低压电力电缆和控制电缆采购组织形式：协议库存采购。甲供物资转乙供是物资专项审计、巡视巡察重点检查内容，有审计责任风险。

二、典型案例

【案例2.1.2】将应甲供的物资转由施工单位采购

2018 年国网湖北××供电公司 110kV××变电站综合改造项目将

10kV 电力电缆 0.26km、低压电力电缆 2.4km、控制电缆 18.28km 等甲供材料列入施工费中，委托施工单位代为采购，采购价格为 150.81 万元。

【案例2.1.3】以维修费名义列支物资费

2015 年××公司离任审计，抽查发现数个大修项目以维修费列支购买断路器、柱上开关等材料费合计 274.53 万元。

三、形成原因分析

（1）施工单位通过甲供物资转乙供，以材料购买的差价获取利益。

（2）项目单位私自将甲供物资转乙供，规避物资招标流程。

四、后期规范措施

（1）强化物资采购管理。物资采购严格遵循两级采购目录采购组织形式，批次招标、协议库存、超市化采购范畴内物资禁止乙供。

（2）加强物资采购相关培训。对项目管理人员定期开展物资采购知识及流程培训，熟悉《国网湖北省电力有限公司集中采购目录》《国家电网有限公司物资管理通则》。

2.2　问题：虚假招标

项目先施工后组织招标、先签订合同后组织招标属于虚假招标行为。虚假招标属于违规行为，存在较大的审计责任风险。

一、审核依据

■ **《国家电网有限公司合同管理办法》**

第三章　第四节

第十九条　合同生效前不得实际履行合同，涉及财务支出的不得付款。

■ **《国家电网公司输变电工程前期管理办法》**［国网（基建/3）803-2016］

第三十四条　取得初步设计批复后，建设管理单位及时申报施工招标

（就近纳入招标批次），配合做好招标准备有关工作。中标结果发布后，及时组织合同签订。

二、典型案例

【案例2.2.1】项目先施工后组织招标

2019年11月4日，××招标代理公司向××中标单位发出中标通知书，施工方××公司中标××线路抗冰改造工程，中标金额 1427.23 万元，经检查该项目××公司于 2019 年 9 月 30 日已经开工。

三、形成原因分析

项目实施过程中，业主项目部管理缺失、滥用职权，内定施工单位中标，合同未完成签订就提前开展施工。

四、后期规范措施

（1）加强学习提高认识。定期组织公司相关人员开展《中华人民共和国合同法》《中华人民共和国招标投标法》《中华人民共和国招标投标法实施条例》《国家电网有限公司合同管理办法》（国家电网企管〔2019〕427号）等法律法规及相关物资管理制度学习，提升招投标及合同管理专业能力，强化合同风险防范意识。

（2）强化全过程项目过程督导，不定期开展项目合同及招投标专项稽查。

2.3 问题：招标与实施内容不符

物资采购应严格遵循两级采购目录采购组织形式招标，物资、服务招标需明确边界，严禁变相违规采购。

一、审核依据

《国家电网有限公司 2021 年度总部集中采购目录》《国家电网有限公司

物资管理通则》

文件中明确了主变压器的采购组织形式：协议库存采购。甲供物资转乙供是物资专项审计、巡视巡察重点检查内容，有审计、巡察责任风险。

二、典型案例

【案例2.3.1】通过技术服务招标变相采购甲供物资

2019 年国网湖北××供电公司 110kV××站义 1 号主变压器抗短路能力不足改造技改项目，总投资 308 万元，单独进行技术服务招标确定供应商，中标金额 299 万元，实际将原主变压器返厂更换了一台 50000kVA 的新主变压器。

【案例2.3.2】通过技术服务招标变相采购甲供物资

2021 年招标的国网湖北××供电公司 10kV××等 9 个台区 10kV 三相不平衡调节装置改造，单独进行技术服务招标确定供应商，提供 9 个台区三相不平衡自动调整仪成套设备 9 套。

三、形成原因分析

（1）项目单位为规避物资公开招标，混淆服务、物资招标界限，规避物资招标流程。

（2）项目单位抱有侥幸心理，物资招标图简单，违反物资招标流程。

四、后期规范措施

（1）强化物资采购管理。物资采购严格遵循两级采购目录采购组织形式，批次招标、协议库存、超市化采购范畴内物资禁止乙供或变相违规采购。

（2）加强物资采购相关培训。对项目管理人员定期开展物资采购知识及流程培训，熟悉《国网湖北省电力有限公司集中采购目录》《国家电网有限公司物资管理通则》。

3

项目合同管理

3.1 问题：中标后无法签订合同

中标通知书正式下达后，乙方因特殊原因无法与甲方签订合同履约，在甲乙双方达成一致后可签订"服务结果协商确认单"解除合同关系。

一、审核依据

■ 《中华人民共和国招标投标法》

第四十五条 中标通知书对招标人和中标人具有法律效力。中标通知书发出后，招标人改变中标结果的，或者中标人放弃中标项目的，应当依法承担法律责任（也即民事赔偿责任）。

■ 《工程建设项目施工招标投标办法》

第八十一条 中标通知发出后，中标人放弃中标项目的，无正当理由不与招标人签订合同的，在签订合同时向招标人提出附加条件或者更改合同实质性内容的，或者拒不提交所要求的履约保证金的，招标人可取消其中标资格，并没收其投标保证金；给招标人的损失超过投标保证金数额。中标人应当对超过部分予以赔偿；没有提交投标保证金的，应当对招标人的损失承担赔偿责任。

■ 《国网湖北省电力有限公司服务结果执行相关工作要求的通知》

二、典型案例

【案例3.1.1】中标后无法签订后续合同

2022 年国网湖北××供电公司 2022 年生产检修施工（110kV）（三）框架协议采购中标单位为"××公司"，计划由该公司承接××公司东城区配电网智能动态接地工程。

2022 年 3 月，××公司表明公司已不具备承接 10kV 配电网中性点智能动态接地工程施工能力，希望与供电公司取消合同。

三、形成原因分析

施工方虽然中标但实际不具备施工能力。

四、后期规范措施

■ **按照《国网湖北省电力有限公司服务结果执行相关工作要求的通知》文件规定：招标结果已下达，但无法签订后续合同可在双方达成一致条件下签订"服务结果协商确认单"解除合同（见表 3.1.1）。**

表 3.1.1　　　　　　　　　　服务结果协商确认单

编号：

项目名称			
招标批次		中标含税（元）	
采购申请号		采购申请行号	
不签订合同情况说明	详细列明不签订合同发起方、解除原因、达成的一致意见等内容。		
	1. 因×××情况或原因，经双方友好协商，达成一致，不签订合同。		
	2. 服务商是否存在违约责任：□是　□否		
	3. 违约事实：详细列明违约事实，如服务商无正当理由不与招标人签订合同、签订合同时向招标人提出附加条件或者更改合同实质性内容、拒不提交所要求的履约保证金等。（如有需提供相应的佐证材料）		
服务商	认可上述情况说明，同意不签订合同。涉及上述招标文件、中标通知书中的权力及义务，自本说明出具之日起均予消灭。 （签字/盖章） 　　　　　年　　月　　日		

项目管理部门	（签字/盖章） 年　　月　　日		
项目管理单位法律顾问	（签字） 年　　月　　日		
物资管理部门	（签字/盖章） 年　　月　　日		
分管领导（授权项目）	（签字/盖章） 年　　月　　日		
省公司项目管理部门 （省招项目）	（签字/盖章） 年　　月　　日		

3.2　问题：起草合同未采用适用合同文本

项目单位起草合同时，根据项目类型，应按照《国家电网公司合同分类表》选择合同归类，进而选择合适的合同文本。

一、审核依据

■ **《国家电网公司合同管理办法》**[**国网（法/2）134-2017**]

第四条　合同管理遵循"统一归口、统一职责、统一流程、统一文本、统一考核、统一平台"的原则。

统一文本，即在公司颁布的统一合同文本范围内，各级单位签订合同应采用统一合同文本并按其使用要求执行；

第十五条　合同承办部门起草合同时，应会同合同归口管理部门按以下先后顺序选用合同文本：

（一）国家或地方有关政府部门制定并强制适用的文本；

（二）公司发布的统一合同文本；

（三）合同参考文本；

（四）行业参考性示范文本；

（五）其他合同文本。

合同承办人应按照《国家电网公司合同分类表》（见附件 2）选择合同归类。

附件 2　　　　　　　　　　　《国家电网公司合同分类表》

序号	具体类型	类型代码	常见合同
1	工程建设类合同	GC	工程勘察设计合同、工程施工合同、工程监理合同、环水保委托合同、可行性研究委托合同、工程前期合同、工程结算审核合同、造价咨询合同、小型基建类合同等
2	技术服务类合同	JS	科学技术项目合同、技术开发合同、技术服务合同、技术咨询合同、技术转让合同等

■ **经法系统内合同模板：**

技术服务类合同示例：

（检修/技术改造）施工合同示例：

二、典型案例

【案例3.2.1】合同模板使用错误

国网湖北××供电公司配电网无人机智能巡检应采用技术服务合同模板签订，实际误采用（检修/技术改造）施工合同模板签订。

三、形成原因分析

（1）项目专责业务水平不足，不了解合同签订规范性，不熟悉《国家电网公司合同管理办法》[国网（法/2）134-2017]。

（2）合同审批流程不严谨，物资部、财务部、法律部未发现错误点。

四、后期规范措施

（1）定期组织合同管理培训，重点讲解技改大修合同签订规范性。

（2）严把合同审核关。

3.3　问题：合同条款不严谨、合规

针对施工、设计、监理等合同文本，应注明"按照审计结论据实结算""3%合同价款为工程质保金""安全协议"等重要条款。

对于涉及有拆除任务的工程项目，在工程建设招标阶段，项目管理部门应在施工招标文件（合同）中明确退役拆除清单编制准确性要求。

一、审核依据

所有技改大修项目签订的施工、设计、监理合同皆应于合同中特别约定：该合同所有项目金额均按审计结论据实结算，严格执行最终结算价=审定价×中标折扣比例。

■ **《国网湖北省电力公司废旧物资管理办法》**

第三十六条　对于涉及有拆除任务的工程项目，在工程建设招标阶段，项目管理部门应在设计招标文件（合同）中明确退役拆除清单编制准确性要求，施工招标文件（合同）中依据拟拆除计划确定拆除工程量及二次保管、运输等费用，明确退役拆除、足额回收、保管移交职责，以及拆除回收量与工程结算联动措施。

二、典型案例

【案例3.3.1】合同重要条款事项缺失

D 市 500kV 及以上输电线路防外破成本项目，签订 20 处限高架、硬隔离防护，签订的是固定总价合同，未在合同特别约定中明确：按审计结论据实结算。实际施工 15 处，工程量显著减少，仍按照合同全额结算并支付。

2020 年国网××供电公司××工业园 1 号配电房、7 号配电房、××商业街箱式变压器大修等 7 个项目，计划总投资为 585.15 万元。本批次项目施工合同签订日期均为 2021 年 12 月 18 日，施工合同总金额 623.71 万元，施工合同内均无项目质量保证金相关条款。

【案例3.3.2】施工合同中未明确退出资产拆除、安全协议的相关条款

国网××公司 2019～2020 年技改大修项目，施工合同工作内容中未注明是否包含退出资产的拆除工程、未签订安全协议，合同中也无退出资产拆除、保管和移交的管理职责、违约条款，在法律层面对施工单位没有约束力，建议在所有技改合同中注明施工方对拆旧物资要有保管、移交职责，同时需签订标准的安全协议。

三、形成原因分析

（1）项目专责业务水平不足，未意识到规范合同的重要性。若合同签订固定总价未明确据实结算，则只需证明项目竣工即可支付合同约定的全部施工费，失去审计严把资金使用关的意义。

（2）项目专责习惯套用系统内合同模板，未细读合同条款，未做到根据项目实际情况，项目结算实际需求，增补相关合同条款。

四、后期规范措施

（1）杜绝签署总价包干、一口价合同。严格落实涉及工程价款结算各事项的合同条款，明确结算方式、质保金、安全协议等重要条款，并制定规范的合同模板供各单位参考使用。

（2）项目管理部门应在施工合同中注明退出资产拆除、保管和移交的管理职责及违约条款，并附拆旧物资明细，避免造成拆除不到位或高附加值资产流失。

（3）制定技改大修施工合同标准模板，标准合同模板明确质保金、安全协议、退出资产拆除、按照审计结论完成资金支付等重要条款并在管辖范围内全面推行，杜绝类似情况的发生。

3.4　问题：合同签订不及时

框架合同应严格按照中标通知书规定的 30 天内签订合同。

一、审核依据

湖北正信电力工程咨询有限公司出具的中标通知书明确规定：在中标通知书发出之日 30 天内，携带相关资料签订合同。

二、典型案例

【案例3.4.1】合同签订不及时

2021 年××公司 11 月份采购的施工框架招标，中标通知书出具日期为 2022 年 1 月 15 日，框架合同实际签订日期为 2022 年 3 月 24 日。

三、形成原因分析

未按照中标通知书要求严格执行，30 天内未完成合同签订流程。

四、后期规范措施

应用合同预警机制，提前十天对即将逾期的合同进行预警，督促启动合同签订流程。

3.5 问题：合同执行不规范

项目单位应严格按合同履约，对满足变更条件确需合同变更的，严格审核变更事项，按要求履行变更审批流程，不允许私下与供应商沟通变更合同内容。

一、审核依据

■ 《国家电网公司物资采购合同承办管理办法》[国网（物资/2）124-2016]

第八十一条 各单位严格合同变更管理，对满足变更条件确需合同变更的，严格审核变更事项，按要求履行变更审批流程。

第八十二条 物资合同变更涉及供货范围变化的，应严格履行"两单一协议"流程，即办理技术变更单和商务变更单后，再组织签订补充协议。

第八十五条 技术变更单应根据变更金额和建设管理分工履行审批手续：

（一）地（市）公司负责履行的合同，变更金额低于20万元（不含本数）的，技术变更单由地（市）项目管理部门审批；

（二）地（市）公司负责履行的合同，变更金额高于20万元的，技术变更单由地（市）、省公司两级项目管理部门审批；

（三）总部/省公司负责履行的直管工程合同，技术变更单由总部/省公司建设管理单位和项目管理部门审批。

第八十九条 技术变更单应严格依据物资合同及供货范围清单、现场物资需求情况填写，并注明变更合同名称、编号，变更物资名称、规格型号、数量、单位、参考价、变更事由和变更依据等，以及原合同物资名称、规格型号、单价、数量等信息。

第九十二条 合同物资规格型号发生实质性变更，或合同供货数量予以增加，增加幅度超过招标文件或采购文件约定的变化量（若招标文件或采购文件未约定，按照金额15%执行），变更或新增物资需求重新纳入采购计划管理。影响工程成套供应的紧急情况下，符合法律法规可不招标采购条件的，经原合同会签部门审签和总部/省公司项目管理、物资分管领导审批后，可履行合同变更手续与供应商签订补充协议。

二、典型案例

【案例3.5.1】未按招标结果执行合同，私下换货

2021年国网××供电公司2021年申报110kV××站综合设备改造技改项目。按照设计方案，为优化变电站主接线方式需在站外新立 1 基双回角钢塔（物料编码：500139066），计划采购的角钢塔 14.41t 于 2021 年 9 月 30 日出具中标结果。由于角钢塔位于居民坟地附近，受居民现场阻挠，无法组立角钢塔。项目单位擅自与供应商沟通更改供应物料，将原计划采购 14.41t 的角钢塔更换为占地面积较小的 11.5t 钢管杆（物料编码：500139056），已于 2021 年 12 月 20 日到货。

物资到货后，物资部组织人员对到货物资进行抽检，发现实际到货物资与合同不一致，拒不执行抽检、收货等后续手续，供应商也拒不执行退货手续，该批物资一直存放在物资仓库无法解决。

三、形成原因分析

项目单位相关人员未履行合同变更审批流程、随意改变合同内容且未告知物资部门，有制度不执行，规章制度意识淡薄。

四、后期规范措施

（1）加强项目单位专责针对《国家电网公司物资采购合同承办管理办法》的培训学习，合同签订及变更流程需严格按照管理办法执行，对于违

规操作应纳入个人考核。

（2）加强与物资部门沟通，对于中标结果不满足实际需要的情况，应及时开展合同变更流程。

3.6　问题：私自签订增补合同

项目单位须严格按照中标通知书中标金额签订技术服务合同，不允许签订超出中标结果之外的增补合同。

一、审核依据

■ **相关法律法规及公司管理制度**

二、典型案例

【案例 3.6.1】增加服务内容，未履行招标采购

2021 年国网××供电公司输电线路无人机巡检体系建设专项成本项目，总投资 185 万元，技术服务中标金额 164 万元，项目工程量：对 700km 220kV 输电线路三维数据采集、雷达数据建模、杆塔精细化自主巡检航线设计、通道危险点源分析等工作。按照中标结果已签订合同额为 164 万元技术服务合同，项目单位考虑结余 21 万元，用同一中标通知书签订一份 21 万元增补合同，让中标单位增加类似工作内容，以防资金结余。

三、形成原因分析

项目单位为充分利用项目资金，避免资金结余，擅自签订增补合同。

四、后期规范措施

（1）定期组织项目合同管理培训，重点讲解技改大修合同签订规范性。

（2）对于成本项目结余资金，可履行招标采购流程按照合同履约、支付或向财务部申请将结余资金转为公司自控成本，用框架标执行相关服务。

3.7 问题：框架执行率不足或超标

项目单位在与乙方签订合同时应注意审核合同金额与框架匹配情况，实际发生金额不允许低于框架协议金额的 50% 且不高于 150%。

一、审核依据

■ 《国网湖北省电力公司集中采购标准化工作手册（工程服务类）》框架招标采购

3. 框架协议有效期限

投标人在招标项目的服务期限内，实际发生的工程总价款为招标项目预估金额的 50% 且不超过 150%，如果服务期限届满时，实际发生的工程总价款未达到 50% 的，服务期限延长至 50% 止（2021 年之前规定项目合同浮动范围为框架合同的 ±20%，2021 年及以后为 ±50%）。

■ 《国网湖北省电力有限公司服务结果执行相关工作要求的通知》

二、典型案例

【案例3.7.1】合同执行金额超框架

2019 年××公司中标框架额度为 344.75 万元，项目合同签订总金额为 489.63 万元，超出框架额度 144.88 万元，超出额度占比 42%；文件规定 2019 年框架合同最高超出标准为 20%。

【案例3.7.2】合同执行金额远小于框架

2021 年××公司中标框架额度为 240.38 万元，项目合同使用金额 52.38 万元，框架合同使用占比仅有 21.79%；文件规定框架合同最低执行 50%。

三、形成原因分析

项目单位申报框架招标需求时对需求预测不精准，导致合同未执行至框架合同最低额度或超过框架合同最高限额。

四、后期规范措施

定期进行清查，对分配额度不足的服务供应商，可向物资部申请延期执行；对超过框架额度上限的框架，ERP 系统自动限制，无法进行框架协议号关联，造成采购订单无法创建。

3.8　问题：合同签订后无法继续履行

因不可抗力因素导致签订的合同无法继续执行，在甲乙双方达成一致后可签订"服务合同解除确认单"。

一、审核依据

■ 《中华人民共和国民法典》

第五百六十二条

【合同约定解除】当事人协商一致，可以解除合同。当事人可以约定一方解除合同的事由。解除合同的事由发生时，解除权人可以解除合同。

第五百六十三条

【合同法定解除】有下列情形之一的，当事人可以解除合同：（1）因不可抗力致使不能实现合同目的；（2）在履行期限届满前，当事人一方明确表示或者以自己的行为表明不履行主要债务；（3）当事人一方延迟履行主要债务，经催告后在合理期限内仍未履行；（4）当事人一方延迟履行债务或者有其他违约行为致使不能实现合同目的；（5）法律规定的其他情形。

■ 《国网湖北省电力有限公司服务结果执行相关工作要求的通知》

二、典型案例

【案例3.8.1】因故无法执行，需解除合同

2021 年国网××供电公司 2021 年生产检修施工（35kV）（四）框架协议采购中标单位为"××公司"，2021 年 11 月份项目单位已与中标单位签

订"35kV××线等 8 条跨××高速改造技改项目",计划 2022 年 5 月施工。2022 年 3 月接市政府正式通知,高速道路计划拓宽,所有涉及跨越线路均由政府出资迁改,导致以上 8 条线路无法实施,合同需终止。

三、形成原因分析

不可抗力外界因素导致项目无法实施,对应合同需终止。

四、后期规范措施

遇不可抗力因素导致项目无法实施,合同需终止,可签订"服务合同解除确认单"(见表 3.8.1)。

表 3.8.1 服务合同解除确认单

项目名称			
招标批次		中标含税（元）	
采购申请号		采购申请行号	
采购订单号		采购订单行号	
合同解除情况说明	详细列明不签订合同发起方、解除原因、达成的一致意见等内容。 1. 因×××情况或原因,经双方友好协商,达成一致,不签订合同。 2. 服务商是否存在违约责任:□是　□否 3. 违约事实:详细列明违约事实,如服务商无正当理由不与招标人签订合同、签订合同时向招标人提出附加条件或者更改合同实质性内容、拒不提交所要求的履约保证金等。（如有需提供相应的佐证材料）		
项目管理部门	已与服务商签订解除协议,需撤销原采购申请。 （签字/盖章） 　　　　　　年　　月　　日		

4

项目可研、设计管理

4.1　问题：项目可研深度不够

4.1.1　问题：立项必要性不足

在可研评审阶段，对照储备重点、原则，审查项目必要性、可行性，对必要性不足的项目直接剔除，不允许录入储备库。

一、审核依据

■ 《2022 年生产技术改造项目储备重点、原则和目标》

■ 《2022 年生产大修项目储备重点、原则和目标》

■ 《国家电网有限公司电网生产技术改造和设备大修项目可研编制与审批管理规定》

第三章　项目可研审批　第十九条

（一）各级设备管理部门组织经研院（所）开展项目可研评审，分部、省级公司及其所属单位可根据工作需要委托有资质能力的咨询单位开展评审工作。评审人员应满足项目评审工作相关要求。

（二）项目可研评审内容主要包括：

（1）项目立项是否符合本单位电网生产技术改造和设备大修原则、各专业反措及专项治理文件等；

（2）项目涉及的设备（设施）运行现状、技术资料、故障缺陷分析以及存在问题描述是否完整；

（3）项目多方案比较是否满足安全、效能和资产全寿命周期管理要求；

（4）项目实施方案及临时过渡方案是否可行；

（5）项目工程量、项目投资、取费标准、材料价格及有关赔偿情况等是否符合相关规定；

（6）项目拟拆除设备及主要材料处置建议是否合理；

（7）项目经济性与财务合规性是否满足要求；

（8）相关外部协议等支撑材料是否完备。

二、典型案例

【案例4.1.1】立项必要性不足

2021 年申报技改储备项目：国网湖北××供电公司 35kV××站安356 刀闸新增断路器，35kV××站仅有一条 35kV 进线（35kV××线），为末端站。若 35kV××线发生故障，对侧断路器保护跳闸隔离故障点；另外本间隔操作频次低，可结合全站改造一并完善，无需单独立项增加断路器。

三、形成原因分析

项目申报人员未仔细学习生产技术改造项目储备重点、原则和目标，对项目立项原则理解不足，未能真正理解项目申报原则。

四、后期规范措施

针对项目单位，组织相关人员认真学习技改大修项目储备重点、原则，理解项目申报要点；可研评审会上重点对项目必要性进行审查。

4.1.2　问题：技术方案、设备选型、停电过渡方案不合理

项目可研、设计评审阶段应按照国家标准、行业标准，以及公司相关

制度及规定的要求审查立项原则、技术方案、设备选型、施工过渡方案，对不满足标准的提出修改意见，督促整改。

一、审核依据

■ 《国家电网有限公司电网生产技术改造和设备大修项目可研编制与审批管理规定》

第三章　项目可研审批　第十九条

（一）各级设备管理部门组织经研院（所）开展项目可研评审，分部、省级公司及其所属单位可根据工作需要委托有资质能力的咨询单位开展评审工作。评审人员应满足项目评审工作相关要求。

（二）项目可研评审内容主要包括：

（1）项目立项是否符合本单位电网生产技术改造和设备大修原则、各专业反措及专项治理文件等；

（2）项目涉及的设备（设施）运行现状、技术资料、故障缺陷分析以及存在问题描述是否完整；

（3）项目多方案比较是否满足安全、效能和资产全寿命周期管理要求；

（4）项目实施方案及临时过渡方案是否可行；

（5）项目工程量、项目投资、取费标准、材料价格及有关赔偿情况等是否符合相关规定；

（6）项目拟拆除设备及主要材料处置建议是否合理；

（7）项目经济性与财务合规性是否满足要求；

（8）相关外部协议等支撑材料是否完备。

■ 《国家电网有限公司电网生产技术改造和设备大修项目初步设计编制与评审管理规定》

■ 《国家电网有限公司十八项电网重大反事故措施（修订版）》

■ 《关于下发湖北电网新建、改扩建继电保护工程设计审查要点的通知》

■ 《生产技改大修储备重点、原则和目标》

二、典型案例

【案例4.1.2】技术方案、设备选型、停电过渡方案不合理

2021 年申报技改储备项目：国网××供电公司 110kV××站综合设备改造

（一）项目主要技术方案及设备选型

1. 原技术方案

电气一次部分：将 35kV、110kV 断路器、隔离开关、电压互感器、电流互感器更换为 AIS 设备；更换原 10kV 开关柜。

电气二次部分：更换综合自动化系统 1 套、相应间隔保护装置；更换五防系统一套。

2. 审查后改进方案

35～110kV 一次设备改造优先推行 AIS 改造为组合电器，××站全站改造户外一次设备应该优先选用 HGIS 设备；借全站改造机会同步优化燎原站电气主接线方式，将 110kV××线接至 110kV 2 号母线，改造后两条 110kV 线路分别接至两段母线，实现单母分段接线方式，提升电网可靠性；二次设备新增一键顺控软件，实现一键顺控功能；改造辅控系统及其子系统，将辅控数据接入集控主站，实现主辅设备全面监控；110kV 线路保护更换为光差保护装置；增加 110kV 母差保护；新增 110kV 故障录波系统；新增 110kV 进线备自投一套。

（二）停电过渡措施方案

原停电过渡措施方案为 110kV××站全停（变电站电气主接线图见图 4.1.1）。

考虑 110kV××站为市内重要负荷电源点，审查后改进方案：

本工程为了减少停电时间，应采取施工过渡措施，停电施工方案大体分为两个阶段：

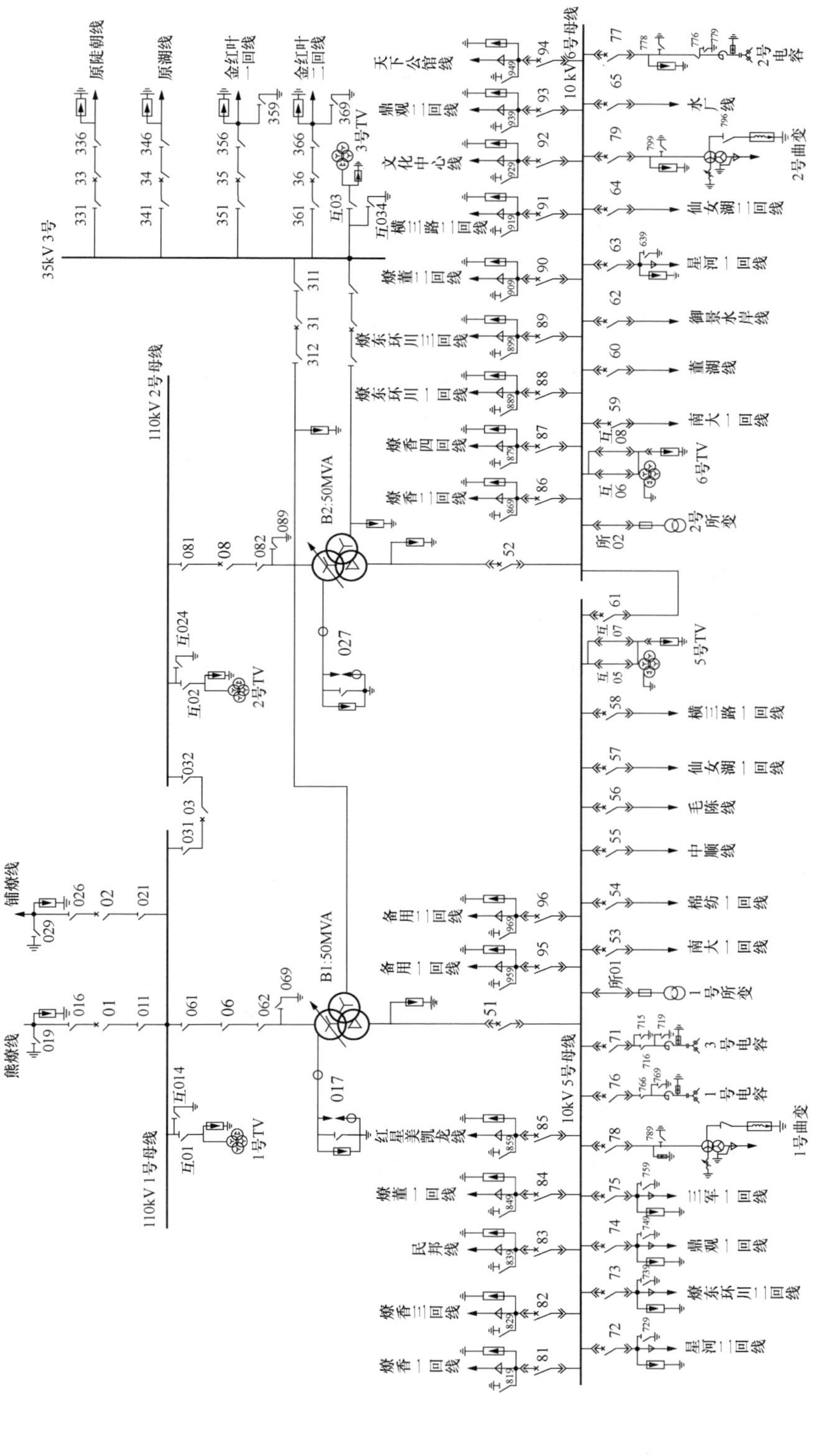

图 4.1.1 变电站电气主接线图

第一阶段：110kVⅡ段母线停电，110kVⅡ段母线所属设备，2 号主变压器相关设备及 2 号所用变压器在此阶段进行改造。110kV××线移位安装至Ⅱ段母线靠近分段间侧的备用间隔，更换 10kVⅡ段母线开关柜，站外新立 1 基双回角钢塔，××线经在站外转接后接入Ⅱ段母线新建间隔；10kV原Ⅱ段母线所带负荷可由站外联络线供带。

第二阶段：110kVⅠ段母线停电，110kVⅠ段母线所属设备、35kV 所有设备、1 号主变压器相关设备及 10kVⅠ段母线开关柜此阶段进行改造。2 号主变压器由移位后的××线出线间隔供电，35kV××线与 110kV××变有联络，可由××变转供，35kV××线与 110kV××变有联络，可由××变转供；本阶段 10kVⅡ母线不停电，只需进行Ⅰ段母线负荷转移，其中××二回、××一回、××专线无法转供负荷，可经过环网箱由 2 号主变压器转供，其他线路可由联络线转供。35kV 母线停电，××二回由 2 号主变压器 35kV 出线间隔 32 断路器直接供电，通过电缆与××二回相连（××用户变 35kV 母线为单母线分段接线，施工期间可由 1 路电源供电），待 35kV 其他间隔均施工完毕后，4 回出线由 1 号主变压器供电，进行 2 号主变压器 35kV 进线间隔改造。

三、形成原因分析

设计人员专业水平不足，不清楚最新的技术标准。

四、后期规范措施

（1）严格执行十八项反措及设计标准，通过一次改造消除所有设备运行中存在的所有问题，例如：解决老旧设备、消除设备缺陷隐患、优化电气主接线方式、实现一键顺控、主辅设备全面监控，提升电网供电可靠性。

（2）严格按照生产技改大修储备重点、原则编制储备项目，按照可研、初设编制与审批要点开展审查工作，提升项目质量。

4.1.3　问题：造价不准确

项目估、概算评审时，技经审查应从量、价、费三方面进行审查，精准控制项目投资。

一、审核依据

■ 《电网技改检修工程预算编制与计算规定》
■ 《国家电网工程设备材料信息价》
■ 《国网××供电公司常用设备信息价》

二、典型案例

【案例4.1.3】造价计列不准确

以国网××供电公司2021年申报110kV××站综合设备改造技改项目储备为例,从"量""价""费"三个方面对项目技经进行审查。

1．工程量方面

如原110kV××站综合设备改造项目中,计列揭盖电缆沟工程量5.0km大于电缆安装量4.5km,存在逻辑性错误,工程量不合理（见表4.1.1）。

表 4.1.1　　　　　变电站工程技术改造安装工程估算表

表三甲　　　　　　　　　　　　　　　　　　　　　　　　　　　金额单位：元

序号	编制依据	项目名称	单位	数量	设备单价	主要材料单价	安装单价		设备合价	主要材料合价	安装合价	
							定额基价	其中人工			费用金额	其中人工
		【二次电力电缆】										
GQ6-1		全站电缆敷设电力电缆 6kV 以下全站	100m	45.0000			585.93	303.29			24726	12799
BZ093(甲)		110kV 变电站电力电缆	km	4.0000		26354.00				105416		
L01030609(甲)		阻燃铜芯聚氯乙烯绝缘及护套钢带铠装电力电缆	km	0.5000		112738.00				24802		
JQ6-11		电缆沟揭（盖）盖板（长度mm）1000	100m	50.0000			251.62	251.62			755	755

2．定额价、一笔性费用及信息价方面

（1）如断路器安装定额套用,未按预规要求,随意调整定额系数,计列多余施工费（见表4.1.2）。

表 4.1.2　　　　　变电站工程技术改造安装工程估算表

表三甲　　　　　　　　　　　　　　　　　　　　　　　　　　　　　　　金额单位：元

序号	编制依据	项目名称	单位	数量	设备单价	主要材料单价	安装单价		设备合价	主要材料合价	安装合价	
							定额基价	其中人工			费用金额	其中人工
		合计									88067	
2.2		110kV 配电装置					4721807	41494			136241	18766
	调 GQ2-43 R*1.5 C*1.5 J*1.5	断路器安装 复合式组合电器（HGIS）电压（kV）110	台	2.0000			15760.78	3757.44			31521	7515
	（甲）	110kV HGIS 出线间隔，40kA，3150A、户外	台	2.0000	743900.00				1487800			

（2）如 110kV 变电站直流系统无信息价，可参考近期中标价约 10 万元一套，估算所列直流设备费 25 万元虚高；列支一笔性费用：停电过渡措施费 45 万元。

（3）如直流系统设备国网信息价无法查询到价格，可参××公司今年设备中标价，防止设备价格相差过大，造成项目资金调整（见表 4.1.3）。

表 4.1.3　　　　　直流电源系统及 UPS 物资中标价格详情表

国网孝感 2021 年直流电源系统及 UPS 物资中标价

序号	项目编码	项目名称	物料名称	不含税价（元）	含税价（元）	厂家
1	2115K720001X	国网湖北孝感孝昌供电公司 35kV 磨山变电站等 2 座变电站直流系统隐患整治	智能一体化电源系统，DC220V，50A	84640.61	95643.89	积成电子股份有限公司
2	2115K120002Y	国网湖北孝感孝南供电公司 35kV 杨店、陡岗等变电站直流系统更换	智能一体化电源系统，DC220V，50A	85837.55	96996.43	积成电子股份有限公司
3	2115K420002V	国网湖北孝感云梦供电公司 35kV 沙河变电站直流系统更换	智能一体化电源系统，DC220V，50A	61556.81	69559.20	积成电子股份有限公司
4	2115K5200029	国网湖北孝感安陆供电公司 35kV 杨兴站直流系统更换	智能一体化电源系统，DC220V，50A	84640.61	95643.89	积成电子股份有限公司
5	2115K020007C	国网湖北孝感供电公司 110kV 德安站直流系统设备更换	直流电源系统，DC220V，80A	89481.87	101114.51	烟台东方电子玉麟电气有限公司
6	2115K020007C	国网湖北孝感供电公司 110kV 德安站直流系统等设备更换	UPS 电源（不间断电源），10kVA	49557.52	56000.00	积成电子股份有限公司

（4）如停电过渡等一笔性费用，须细化工程量、按预规套用合适定额并计费获取措施性费用，禁止计列一笔性费用，防止在后续项目审计中，无法提供有效依据，造成审计风险（见表4.1.4和表4.1.5）。

表 4.1.4　　　　变电站工程技术改造安装工程估算表

表三甲　　　　　　　　　　　　　　　　　　　　　　　　　　　　　金额单位：元

序号	编制依据	项目名称	单位	数量	设备单价	主要材料单价	安装单价		设备合价	主要材料合价	安装合价	
							定额基价	其中人工			费用金额	其中人工
		生产辅助系统									450000	
1		停电过渡									450000	
		停电过渡措施费	1	笔			450000.00				450000	

3．取费方面

措施费严格按照《电网技改检修工程预算编制与计算规定》要求计取，如变电安装工程施工工具用具使用费为 3.16%，规费、税费按照国家规定合理计取，不得随意调整取费费率；其他费用如设计、监理、评审等费用的费率严格按照预规要求对应计取，不得随意调整（见表4.1.6和表4.1.7）。

表 4.1.5　　　　变电站工程技术改造安装工程估算表

表三甲　　　　　　　　　　　　　　　　　　　　　　　　　　　　　金额单位：元

序号	编制依据	项目名称	单位	数量	设备单价	主要材料单价	安装单价		设备合价	主要材料合价	安装合价	
							定额基价	其中人工			费用金额	其中人工
		生产辅助系统								186253	133314	4417
1		停电过渡								186253	133314	4417
		【35kV 电力电缆】										
	JX8-73	35kV 电缆敷设 沟槽直埋 截面面积（mm²）240以内	100m/三相	0.7000			1005.20	526.87			704	369
	L01460316（甲）	阻燃交联乙烯绝缘钢带铠装聚乙烯护套电力电缆 ZR-YJV22 35kV 三芯 240	km	0.0700		543098.00					38017	
	L05071004（甲）	35kV 冷缩式户内电缆终端 3×240	套	2.0000		7077.00					14154	

续表

序号	编制依据	项目名称	单位	数量	设备单价	主要材料单价	安装单价		设备合价	主要材料合价	安装合价	
							定额基价	其中人工			费用金额	其中人工
	JX8-277	电缆护层试验 摇测	互联段/三相	1.0000			54.55	54.55			55	55
	JX8-278	电缆护层试验 耐压试验	互联段/三相	1.0000			262.51	137.78			263	138
	JX8-279	电缆护层试验 交叉互联系统试验	互联段/三相	1.0000			56.20	56.20			56	56
	JX8-283	电缆主绝缘试验 交流耐压试验 35kV	回路	1.0000			22263.50	1213.76			22264	1214
	JX8-286	电缆参数测定 35kV	回路	1.0000			429.41	295.73			429	296
		【10kV电力电缆】										
	GQ6-2	全站电缆敷设 电力电缆 6kV 以上 全站	100m	2.0000			873.05	484.30			1746	969
	L01440318（甲）	阻燃交联乙烯绝缘钢带铠装聚氯乙烯护套电力电缆 ZR-YJV22 10kV 三芯 400	km	0.2000		609960.00				121992		
	L05070504（甲）	10kV冷缩式户内电缆终端3×400	套	10.0000		1209.00				12090		

表 4.1.6   **安装工程取费表**

金额单位：元

序号	费用名称	取费基数	费率	单位	总价	计算说明
	安装取费表					
一	直接费		100.000	%	2744059	
1	主要材料费	甲供主要材料费含税+乙供主要材料费不含税	100.000	%	1652105	
2	安装直接费		100.000	%	879864	
2.1	人工费	人工费	100.000	%	343355	
2.2	消耗性材料费	材料费	100.000	%	123774	
2.3	施工机械使用费	机械费	100.000	%	412735	
3	措施费		100.000	%	212091	
3.1	冬雨季施工增加费	人工费	7.140	%	24516	
3.2	夜间施工增加费	人工费	4.340	%	14902	

续表

序号	费用名称	取费基数	费率	单位	总价	计算说明
3.3	施工工具用具使用费	人工费	6.750	%	23176	
3.4	特殊地区施工增加费	人工费		%		高海拔地区费率为7.67%、严寒地区为6.21%、酷热地区为5.20%
3.5	临时设施费	人工费	14.480	%	49718	
3.6	施工机构转移费	人工费	11.490	%	39452	
3.7	安全文明施工费	人工费	15.160	%	52053	
3.8	多次进场增加费	人工费	2.410	%	8275	人工费×多次进场增加费率×N（进场次数）

施工工具用具使用费计算公式：

施工工具用具使用费＝（人工费＋机械费）×费率（见表 4.1.7）。

表 4.1.7 施工工具用具使用费费率

工程类别	变电建筑工程	变电安装工程	架空线路工程	电缆安装工程	通信线路工程
费率（%）	2.39	3.16	3.06	2.13	2.45

注：20kV 及以下配网工程根据专业类别按以上费率乘以系数 0.60 计取。

三、形成原因分析

（1）技经人员专业能力不足，编制概算过程中乱套定额或直接列支一笔性费用。

（2）参建单位技经人员缺乏，关键岗位人员配置不到位，对项目造价无法实质把关。

（3）技经审查人员经验不足，专业技术和支撑能力有待提高，评审把关不严，导致很多有问题项目通过。

四、后期规范措施

（1）梳理修编常用设备信息价（国网信息价中未列支的设备），比如：直流系统、GPS 等设备，作为可研评审依据。

（2）聘请专业咨询公司深度参与技改大修项目评审把关。

4.2 问题：未考虑停电计划及负荷转供

项目可研评审时，应考虑项目批复后能否安排停电计划实施。应认真审查停电过渡措施方案是否可行，特别注意涉及重要用户停电。否则，项目批复后无法实施。

一、审核依据

■ 《国网湖北省电力有限公司关于印发电网生产技术改造和设备大修原则的通知》（鄂电司设备〔2021〕12 号）

三、总体原则

坚持统筹协同，注重技术改造、设备大修与基建等计划的协同，经综合改造的设备实现"五年不大修、十年不技改"的目标；注重技改、大修与检修、停运计划的协同，实现"应修必修、修必修好"，避免设备"失修"或"过度改造"；统筹输电与变电、一次与二次、跨单位与跨地域改造需求；对于需要 220kV 及以上电网设备停运的技改项目，可行性方案应详细论述停电施工过渡措施，涉及不同停电单元项目不允许打包安排，停电计划未落实的项目不安排。

■ 《湖北电网发输变电设备停运管理办法》

第十五条 停运计划的编制原则 输变电设备

3. 设备停运应统筹安排，在修试校计划基础上，结合基建、技改项目统筹实施，同一停电范围的设备停运，不同维护单位应相互配合，同步进行，避免造成重复停运。

5. 220kV 及以上输变电设备计划停运周期根据设备状态评估情况安排，除新投运设备或重新投运设备外，原则上计划停运周期应超过 2 年，不满足计划停运周期的基建、市政、技改等停运需求，除省公司统一协调、督办的重大项目外，原则上不纳入年度计划编制，应由设备运维单位在项目实施前一个月办理临时停运申请手续。

■ **《国家电网有限公司电网生产技术改造和设备大修项目可研编制与审批管理规定》**［国网（运检/3）316-2020］

第四章　第十九条　项目可研评审

（二）项目可研评审内容主要包括：

4．项目实施方案及临时过渡方案是否可行；

第 6 条　项目实施安排

6.2　施工过渡措施

按照项目实施和系统运行相关要求，提出有针对性的施工过渡措施。重点对停电方案、负荷切转方案、停电时间、用户重要等级以及相关保障供电可靠性的措施进行描述。不涉及施工过渡措施的项目应明确本项目无过渡措施。

二、典型案例

【案例4.2.1】大修项目未考虑220kV电网设备2年的停电周期

2019 年批复国网湖北××供电公司 220kV××线 1～38 号防舞大修项目。项目内容为对 220kV××线 1～38 号加装 F×BW-220/120 型防舞相间间隔棒 84 套，杆塔螺栓加装双帽 36 基。更换 37 号、38 号杆塔绝缘子为 F×BW-220/120 型 6 串，更换金具为 16T 强度。

220kV××线于 2018 年停电检修，按照 220kV 电压等级 2 年的停电周期，220kV××线于 2019 年无法停电。且大修项目不能跨年实施，若项目批复直接无法实施。

【案例4.2.2】技改项目纳入计划须考虑220kV电网设备2年的停电周期

2021 年技改储备项目，国网湖北××供电公司 220kV××线 49～50 号跨越××高速独立耐张段改造工程。纳入 2022 年预安排年度计划之前查询 220kV××线检修申请票，查询截图见图 4.2.1，××500kV 线路工程 G274～G280 导地线展放施工，安全距离不足，220kV××线于 2021 年 9 月 13 日配合停电。按照 220kV 电压等级 2 年的停电周期，220kV××线于 2022 年无法停电，不能将该项目纳入 2022 年预安排（预安排项目当年必须竣工），可以将该项目纳入 2022 年常规计划，里程碑 2023 年竣工。

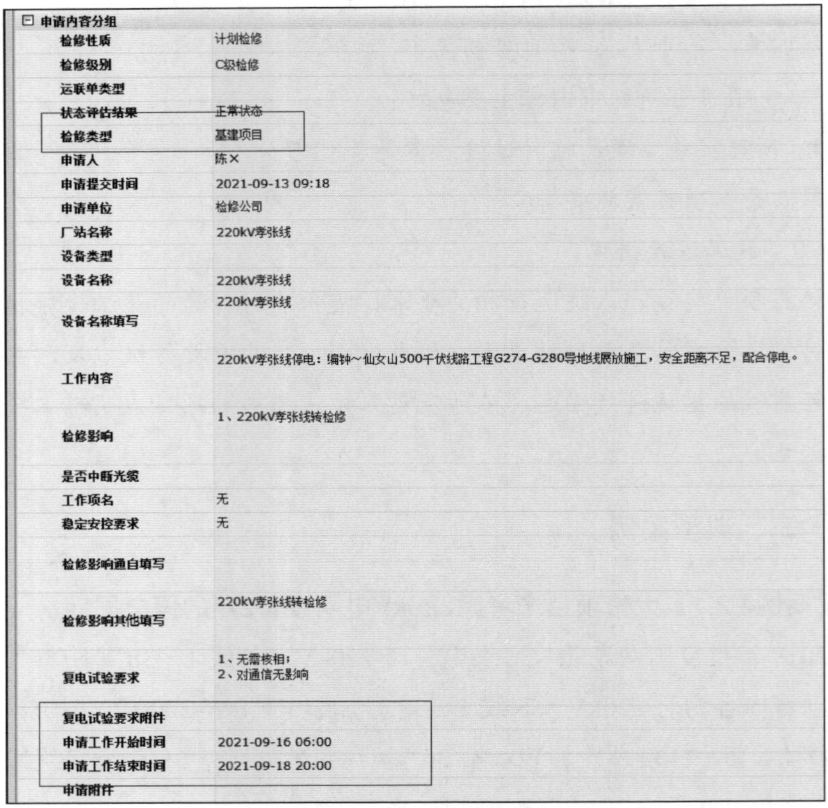

⊟ 申请内容分组

检修性质	计划检修
检修级别	C级检修
运联单类型	
状态评估结果	正常状态
检修类型	基建项目
申请人	陈×
申请提交时间	2021-09-13 09:18
申请单位	检修公司
厂站名称	220kV孝张线
设备类型	
设备名称	220kV孝张线
设备名称填写	220kV孝张线
工作内容	220kV孝张线停电：编钟～仙女山500千伏线路工程G274-G280导地线展放施工，安全距离不足，配合停电。
检修影响	1、220kV孝张线转检修
是否中断光缆	
工作项名	无
稳定安控要求	无
检修影响通自填写	
检修影响其他填写	220kV孝张线转检修
复电试验要求	1、无需核相； 2、对通信无影响
复电试验要求附件	
申请工作开始时间	2021-09-16 06:00
申请工作结束时间	2021-09-18 20:00
申请附件	

图 4.2.1　系统查询截图

【案例4.2.3】未考虑负荷转供

2021 年大修成本项目，国网湖北××供电公司 110kV××变电站 2 号主变压器等 4 台变压器近区短路隐患整治，项目内容涉及 110kV××变电站停电装热缩管。110kV××变为单主变压器，10kV 负荷为钢厂生产用电，钢厂为单电源，负荷无法转供，无法停电。项目批复后无法实施。

三、形成原因分析

（1）储备项目可研评审审查不到位。在可研评审环节未考虑停电计划，项目批复后因线路无法停电，导致项目无法实施，项目申报毫无意义。

（2）可研资料编制深度不够，项目评审不到位，没有审查停电过渡措施方案。

四、后期规范措施

（1）对于 220kV 马脉线 1～38 号防舞大修项目里程碑无法调整至次年实施，年底只能未竣工提前入账；对于技改项目不得纳入预安排计划，可列入跨年项目实施以满足 2 年的停电周期的要求。

（2）针对 220kV 设备需要停电的储备项目，储备编制、纳入年度计划时必须标注上次停电计划日期，220kV 电网设备停电周期为 2 年，若明确当年无法停电则不予申报。

（3）项目单位专责应加强对变电站运行情况的了解，特别是针对单主变压器运行且有重要负荷的变电站，需考虑项目批复后是否能上报停电计划，否则项目无法执行。

（4）项目评审应严格审查停电过渡措施方案。

4.3　问题：估、概算中计列的部分费用未发生

项目实际建设中不会发生招标费、项目后评价费、施工图预算编制费，为项目实现精准投资，估、概算编制时无需计列。

一、审核依据

■ **《国网运检部关于印发生产技改大修项目估算编制指导意见和储备项目评分定级规则的通知》（运检计划〔2017〕75 号）**

1. 关于项目取费

根据项目实际，据实计取措施费、规费、其他费用。费用计算标准分别执行预规及对应估价表。其中，建筑安装工程各取费项目费率参见估价表附录，其他费用等费率暂按预规执行。

二、典型案例

【案例4.3.1】估算中计列的部分费用未发生

国网湖北××供电公司 220kV××站综合设备改造项目批复估算 775 万元，估算中列支招标费 68027 元、项目后评价费 18792 元、施工图预算编制费 29315 元，所列三项费用，在项目实际建设中并未产生。

三、形成原因分析

（1）技经人员专业技能和业务水平不足，对项目建设实际发生的费用不清楚。

（2）技经人员完成估算书编制后未按相关要求提报专业人员审核估算文件。

四、后期规范措施

（1）加强估算书评审流程。技经人员编制估算书后需提交专业评审人员进行估算评审，并根据评审意见修改。

（2）定期组织技经人员培训。重点培训估算编制细则，包括定额套用、取费依据、注意事项。

4.4　问题：概算中设备费计列虚高

甲供设备价格应按照当月协议库存价格、往年同类物资中标价、询价方式编制，不允许无依据随意计取，避免出现项目资金不足或结余过高的情况发生。

一、审核依据

参考往年同类物资中标价、××公司常用设备信息价。

二、典型案例

【案例4.4.1】物资概算价误差较大

2021 年××公司变电专业技改项目甲供设备实际中标价远低于概算中对应物资价，结余资金占项目总投资 47.6%，明细见表 4.4.1。

表 4.4.1　　　　　　　　项目物资价格对比情况表

序号	项目名称	总投资（万元）	概算中甲供物资资金（万元）	中标金额（万元）	差额（万元）	物资核减比例
1	国网湖北××供电公司 110kV××站直流系统等设备更换（2 套直流系统）	119.51	75.11	46.66	−28.45	−37.87%
2	国网湖北××供电公司 35kV××变电站等 2 座变电站直流系统更换（2 套直流系统）	69.5	44.40	22.37	−22.03	−49.62%
3	国网湖北××供电公司 110kV××等 4 座变电站新增故障录波装置	90.63	40.13	21.76	−18.37	−45.78%
4	国网湖北××供电公司 110kV××站 GPS 对时装置等设备改造	126.22	62.42	25.06	−37.36	−59.85%

三、形成原因分析

（1）技经专业承载力不足。经调研，各地市公司经研所技经专业人员严重不足，经研所技经专业人员仅 2 人，每年需负责 100 多个技改项目审查，承载能力严重不足，不能对技经文件实质把关，未能起到支撑作用。

（2）设计单位缺乏服务意识。设计单位未履行询价或采用供应商报价流程，同时未参考往年同类物资中标价，同时反映可研及初步设计评审环节把关不到位，导致项目结余资金庞大，造成资金浪费，未能实现精准投资。

（3）缺乏对设计单位的管理办法及考核手段。

四、后期规范措施

（1）针对设计单位，制定技改大修设计质量管理办法，对设计单位建立考核机制，确保工程设计方案、工程造价严谨合理。

（2）针对经研所、造价咨询公司，加强初步设计评审，不仅审查设计方案，也需着重审查技经，对设备材料价格、定额取费、工程量逐一审查，对于无信息价作参考的二次设备，务必与往年同类物资中标价格做对比，不允许无依据随意计取。

（3）针对运检部，制定常用设备信息价目录，将电网工程设备材料信息价中缺少且常见设备进行补充，比如直流系统（按照变电站电压等级划分）、GPS。

4.5 问题：概算中虚列一笔性费用

概算编制及审查中应注意严格按照实际施工内容套取相对应定额，禁止列支无支撑依据的一笔性费用。

一、审核依据

■ 一笔性费用，列支均无支撑依据，相关审计单位根据审计原则予以审减。

二、典型案例

【案例4.5.1】调试一笔性费用无依据

国网湖北××供电公司 220kV××站上 220kV、110kV、主变压器故障录波器更换项目概算中列支 1 项综自系统更改费 10600 元，无此定额子目。

【案例4.5.2】停电过渡措施一笔性费用无明细

110kV××站综合设备改造项目中列支一笔停电过渡措施费 40 万，无具体明细。

三、形成原因分析

（1）技经人员专业技能和业务水平不足，对审计认可的相关定额要求不清楚，乱套、高套定额或计列一笔性费用。

（2）技经人员完成概算书编制后未按相关要求提报专业人员审核概算文件。

四、后期规范措施

规范概算文件。概算文件中一笔性费用涉及的施工工艺有定额子目需套用定额子目计价，无相关定额子目可参考类似定额子目计价。若无定额子目参考，需提供一笔性费用相关供应商报价或业主认可的费用组成明细等支撑资料。不允许列支无支撑依据一笔性费用的现象。

4.6 问题：项目所列拆旧清单不实

项目单位在设计审查阶段应严格审查设计文件中拆除方案及拟拆除设备材料清单是否合理，拆除回收费用按审查意见列入概算。

一、审核依据

■ 《国网湖北省电力公司废旧物资管理办法》[国网（物资/2）127-2018]

第二十五条 项目管理单位（部门）组织设计单位在项目初步设计阶段，依据可研阶段确定的拆除原则和概算，审查拆除方案的范围及内容。实物资产管理部门编制项目拆除计划（附件2），明确拆除资产拟处置方式（报废或再利用），经项目管理部门、设计单位签字确认后，纳入项目初步设计审查，拆除回收费用按审查意见列入项目概算。

第四十条 项目管理单位（部门）应将拆除资产计划执行情况、实际回收明细等资料列入工程结算、决算审核和工程审计范围。施工单位在项目结算资料中未提交拆除资产回收资料的，以及应拆、实交量重大偏差无法说清楚的，不得办理项目结算，或根据资产缺失情况扣除施工款（扣除单价参照当地同类报废物资两个月内竞价处置平均单价计算）。

■ 《国家电网有限公司电网生产技术改造工作管理规定》

第三十二条 项目拆旧管理：

（一）项目可研阶段，各单位组织对拟拆除设备进行评估，在项目可研中提出拟拆除设备再利用或报废的处置建议。

（二）项目实施阶段，项目管理部门应根据拆除设备处置意见，组织实施拆除工作，并完成与物资管理部门交接，由物资管理部门负责后续保管和处置。

二、典型案例

【案例4.6.1】设计深度不足，拆旧清单编制不实

国网湖北××供电公司 110kV××线（110kV××线××支线）43～44号跨××高铁改造，设计院出具的《拆除设备（材料）清单》中计划回收塔材 1.088t，废旧物资回收台账反映实际回收 29t，实际回收量远大于设计计划回收量。

三、形成原因分析

（1）设计单位履职不到位，设计深度不够。

（2）设计评审环节把关不到位，对于明显的拆旧工程量计算错误，审查环节未发现。

四、后期规范措施

（1）加强设计单位管理，提升设计深度与设计质量。

（2）加强设计评审环节管控，不仅对工程设计方案进行仔细审查，还需对建安工程、拆除工程、甲供设备、乙供材料、其他费等各方面进行审查把关，整体提升设计质量及工程造价管理水平。

4.7 问题：未及时取得初步设计批复文件

有设计单位参建的项目需开展初步设计评审并取得初设批复文件，按照批复概算签订合同。

一、审核依据

■ 《生产技术改造和设备大修项目初步设计编制与评审管理规定》

第二十一条 设计单位依据批准的项目可研、设计基础资料、项目单位的委托合同，编制并及时提交项目初设文件。初设文件应满足以下要求：

（一）符合有关法律法规、国家标准、行业标准以及公司相关制度及规定的要求。

（二）在遵循批准的项目可研基础上，充分考虑与项目实施条件和既有设备的衔接，并根据项目内容要求提交施工电源、水源以及道路和大件运输、安全稳定装置配套设计、施工过渡等方案。

（三）项目初设应合理计列改造项目的赔偿、临时措施、现场清理等工程量和费用，并提供计费依据，不得随意估列。

（四）项目初设应满足生产技术改造和设备大修项目初设编制深度规定要求（详见附件二），确定主要设备材料清单，做到工程量和费用标准明确、临时过渡方案明晰。

（五）项目初设应细化拆旧设备清单并对拆旧设备的处置方式进行明确。

二、典型案例

【案例4.7.1】未及时取得初设批复

国网湖北××供电公司 110kV××线 12 号、××线 45 号杆塔整治大修项目，有设计单位参建，但是仅按照估算书签订施工、设计合同，未开展初设评审工作、未取得初设批复文件。

有设计单位参建的项目，应开展初步设计编制并出具成果组织评审，按照批复的设计成果签订设计、施工合同。

三、形成原因分析

项目单位不清楚项目管理流程，有设计单位参建的项目应出具设计成果并进行设计审查。

四、后期规范措施

组织项目单位培训学习项目管理流程，学习可研、初设审批规定。对于有设计单位参建的技改、大修项目，必须履行初步设计评审、批复流程，竣工后还需出具正式竣工图。

4.8 问题：物资计划与提报需求不符

设计审查时应严格审查设计方案是否根据现场实际需求进行编制，设计方案有误将导致后期采购的物资不满足现场需要。

一、审核依据

■ **《国家电网公司物资采购合同承办管理办法》**

第二节 合同审核、签订与生效

第二十六条 物资合同应按照采购结果确定的技术规范、商务要求进行签订，不得对任何实质性内容进行修改。通用和标准化设备材料不单独签订技术协议。

二、典型案例

【案例4.8.1】物资采购计划编制错误

2021 年国网湖北××供电公司 35kV××、××等变电站直流系统更换技改项目，35kV××、××变电站物资采购计划中仅采购 220V 直流电源模块 5 块，未包含 48V 直流电源模块组屏。物资到货施工时，发现现场实际通信装置电源为 48V，且无单独通信电源屏。

到货的直流充电屏仅有 220V 充电模块，缺少 48V 通信装置电源模块，导致无法提供通信装置直流电源。只能在该屏上额外加装 48V 通信装置电源，增加施工难度和施工费用。由于 48V 通信装置电源模块为甲供设备，所增加费用无法通过项目成本解决。

【案例4.8.2】初设计划与提报需求计划不相符

2021 年国网湖北××供电公司 220kV××一回线 7～8 号对地距离不足改造工程，2021 年 2 月提交的铁塔物资采购需求为 51.863t，实际 2021年 3 月设计院技术确认的实际铁塔工程量为 33.245t，造成后期塔材退库。

三、形成原因分析

（1）在需求计划提报方面审核不严格。需求未按设计图纸数量提报需求计划，物资计划审核未把关，导致设计数量与采购数量不一致。

（2）在物资到货环节未核实到货数量。供应商按照技术确认重量生产铁塔，实际重量 33.245t，送到现场后，收货人员未核实现现场实际到货数量，2021 年 11 月直接按照采购订单数量办理验收入库，并按照采购订单数量办理出库。

（3）技改大修项目数量多、设计单位承载能力不足，大部分项目未进行现场勘察，习惯利用往年项目留存图纸和档案开展可研、初设编制，现场勘查存在漏项、缺项，导致设备及材料统计不全、方案规模不精准，可研深度不足。

（4）设计单位现场勘察过程中，项目单位未指派检修、运维专业人员参与现场踏勘过程，业主与设计现场未确定改造内容，设计方案脱离现场实际，未能有效落实设备主人制。

（5）设计人员去现场未认真履职，并告知现场有单独 48V 充电屏及 48V蓄电池组，实际情况为现场 48V 蓄电池组存在缺陷并未投运，本期直流系统改造应将 48V 充电模块与 220V 充电模块一起组屏。该事件反映出设计深度不足、设计质量不达标。设备运维单位变电专责参与初步设计评审时未能及时发现设计错误，突显出变电专责参与设计人员现勘流于形式，履职不到位。

四、后期规范措施

（1）加强物资计划需求审核把关，要求在施工图出具后才能确定物资需求计划。

（2）在现场收货时核实到货数量、型号等是否与合同一致，严格按照合同执行。

（3）在系统收发货环节按实际数量来处理，数量有增减的做合同变更，需做利库处理的，按照物资管理制度要求进行系统操作，确保账务处理的及时性。

（4）落实设备主人制：设计单位、设备运维单位必须参与现场收资，把关收资环节、可研及初设评审环节，签字确认。

（5）现场收资、可研初设评审环节不能流于形式：设计单位应在现场与设备运维单位确定改造内容并形成书面的收资清单，三方（设计人员、检修人员、运维人员）签字确认；可研、初设评审环节，设备运维管理单位应认真参与审查、把关。

（6）加强工程设计质量全过程管控，对设计单位建立管理办法、考核机制，确保工程设计质量。增加设计合同中特别约定：对由于设计深度不够影响项目实施的情况，扣减对应项目设计费 20%，造成业主重大经济损失的，加大扣减比例直到扣减全部设计费；经年度或半年综合评价后，考核发现设计水平不达标的设计单位，取消框架合同关系。

（7）若在物资到货阶段及时发现该问题，可以向物资部门申请履行物资合同变更手续，增加相关设备。

4.9 问题：施工蓝图绘制不准确

施工图审查时应严格确认施工蓝图内容是否完整，是否包含项目实施全部内容，施工图内容缺失会直接影响工程进度。

一、审核依据

■ 《国家电网公司输变电工程设计质量管理办法》[国网（基建/3）117-2017]

第十七条 施工图设计应执行相关规程规范，按照初步设计批复文件，全面落实公司基建标准化成果，新技术应用要求以及通用设备接口和施工标准工艺要求，满足公司电网标准化、智能化、模块化、机械化建设需要，设计文件应满足施工图设计内容深度规定。

第十八条　施工图会检应严格执行初步设计批复意见，重点对专业之间的协调性、设计文件的正确性和完整性进行检查。必要时，应结合工程情况开展重点技术专项审查，确保设计方案安全可行。

二、典型案例

【案例4.9.1】施工蓝图绘制不准确

国网湖北××供电公司 220kV××变电站姚 225 保护测控更换技改项目，调试阶段发现施工蓝图未设计该间隔与稳控、故障录波联系部分，实际未敷设二次电缆、接线。

需重新绘制施工蓝图，补充完善相关回路，涉及敷设电缆、二次接线、调试，造成施工工期延误。

三、形成原因分析

（1）设计人员现场勘查工作不到位，对现场接线方式勘查不仔细，基本的设计专业水平不合格；设计单位三级校核流于形式，没有发现基本的设计漏洞。

（2）业主单位未认真履行施工图会审工作。

四、后期规范措施

（1）加强工程设计质量全过程管控，对设计单位建立管理办法、考核机制，确保工程设计质量。

（2）增加设计合同中特别约定：对由于设计深度不够影响项目实施的情况，扣减对应项目设计费 20%，造成业主重大经济损失的，加大扣减比例直到扣减全部设计费；经年度或半年综合评价后，考核发现设计水平不达标的设计单位，取消框架合同关系。

（3）施工图会审、设计单位三级校核不允许流于形式，对未发现明显设计漏洞造成项目实施受阻的主业、设计单位人员应进行处罚，同步建立考核机制。

4.10 问题：设计变更不规范

项目发生了需调整初步设计批复的设计方案，应严格履行设计变更审批流程，未进行审批的变更内容结算审核不予认定。

一、审核依据

■ 《国网湖北省电力有限公司技改大修项目设计变更与现场签证管理指导意见》（鄂电司设备〔2019〕36号）

第四条、第十六条 重大设计变更

（1）改变了初步设计批复的设计方案、主要设备选型、工程规模、建设标准等原则意见的设计变更。

（2）单项设计变更投资增减额超过10万元的设计变更。

（3）一般设计变更是指除重大设计变更以外的设计变更。一般设计变更（现场签证）发生后，项目实施单位应及时通知相关单位7日内完成审核并上报地市公司运检部审批。

■ 《国家电网有限公司电网生产技术改造工作管理规定》

项目调整，指下达项目实施条件发生变化，需要对项目方案、投资规模或实施周期等进行调整。因实施方案变化导致资金重大调整的项目，应重新履行可研审批程序和计划调整程序。仅因招标采购因素引起投资变化的项目，不需重新履行可研审批程序，但当年投资变化超过15%时需履行计划调整程序。

■ 《国网湖北省电力有限公司生产技改大修项目结算管理工作指导意见（试行）》（运检〔2017〕32号）

第十四条 当项目出现以下情况时，必须按规定履行报批手续：

一、项目初步设计超可研估算;

二、项目结算费用超工程投资计划时;

三、改变了可研或初步设计审查确定的设计方案、规模、标准。

第十五条 项目实施过程中,发生变更或现场签证时,变更或现场签证由项目管理单位审批。项目管理单位应组织监理、设计、施工等相关单位对因变更导致的调整费用进行审核,并依次签署明确的审核意见予以确认。变更或现场签证应由审批单、变更单或签证单、费用预算书等组成,必要时还须附上施工图纸。上述签署确认需在提出变更或签证后 15 日内完成报批手续。

二、典型案例

【案例4.10.1】增加工作内容,未按规定履行变更手续

国网湖北××供电公司 110kV××站综合改造技改项目原初步设计批复中无一键顺控改造内容,实际实施过程中增加了站端一键顺控功能完善的工作内容,增加的工作内容涉及资金约 35 万。结算报审时既未提供设计变更文件也未履行省公司调整流程。

三、形成原因分析

项目实施过程中,业主项目部履职不到位,变更的内容未按要求履行审批手续,直接委托施工方实施,存在向施工方违规输送利益风险。

四、后期规范措施

组织项目单位培训学习省公司下达关于项目管理文件,对于未履行变更手续的增补内容不予认定。

5

项目物资管理

5.1 问题：物资管理不规范

项目单位物资收货入账应严格遵守《国家电网公司物资仓储配送管理办法》，严禁在物资未到货或到货物资与实际采购不符的情况下办理收货入账手续。

一、审核依据

■ 《国家电网公司物资仓储配送管理办法》［国网（物资/2）125-2013］

第三十六条 "公司各级单位应建立全仓库作业操作手册，规范物资验收入库、储存保管、调拨出库、稽核盘点、库存报废及物资退库等工作流程"的规定。

第三十七条 物资接收入库时应组织验收，核对物资名称、规格和数量，确保接收物资完好，资料齐全。物资接收入库后应建立物资卡片并放置在醒目处，保证账卡物一致。

二、典型案例

【案例5.1.1】虚假收货

2018年国网湖北××供电公司110kV××变电站一键顺控改造项目，涉及一键顺控系统、智能防误操作系统等物资截至审计日（2019年9月）

未到货，但于 2018 年 12 月已完成物资收货入账，涉及资金 54 万，虚假收货入账。

【案例5.1.2】电商化物资存在账实不符现象

220kV××刀闸更换项目物资采购单与实际现场不一致，按照物资计划应采购 10 组隔离开关，实际通过电商化采购隔离开关零部件，电商化物资采购单内容为导电杆 34 组、操作机构 37 组和开关触头 34 组，金额为 140.93 万元。线下通过厂家置换符合实际的隔离开关，存在账实不符现象，且规避了物资招标流程。

三、形成原因分析

（1）项目单位为了完成项目成本入账指标，规避考核，虚假收货入账。

（2）项目单位为缩短到货周期、简化采购流程，擅自通过超市化采购线下置换方式规避物资招标。

四、后期规范措施

（1）加大物资管理人员、项目管理人员培训力度，规范物资到货验收入库操作。

（2）对于违规虚假入库行为，加大通报和考核力度，杜绝再次发生。

5.2　问题：资产处置不合规

项目管理单位应督促施工单位按照废旧物资拆除计划回收拆旧物资，按照流程及时进行废旧物资处置。

一、审核依据

■ 《国网湖北省电力公司废旧物资管理办法》［国网（物资/2）127—2018］

第三十六条　对于涉及有拆除任务的工程项目，在工程建设招标阶段，项目管理部门应在设计招标文件（合同）中明确退役拆除清单编制准确性要求，施工招标文件（合同）中依据拟拆除计划确定拆除工程量及二次保管、运输等费用，明确退役拆除、足额回收、保管移交职责，以及拆除回收量与工程结算联动措施。

第三十七条　退役资产拆除前，项目管理部门将施工合同中拟拆除资产（设备/材料）清单、拆除回收、临时保管等注意事项与施工单位进行交底，经施工、监理单位签字确认后实施拆除。对技术鉴定为再利用的设备应实施保护性拆除。

第三十八条　退役资产拆除中，施工单位应严格按照合同约定、拟拆除计划开展现场拆除工作，项目管理部门组织实物使用保管单位（部门）、监理单位进行现场监督。对于因特殊情况无法做到足额回收的，项目管理单位（部门）组织施工单位做好现场取证工作，出具有关说明。

第三十九条　退役资产拆除后，项目管理单位（部门）组织实物使用保管单位（部门）、监理单位、施工单位依据拟拆除计划，扫描实物"ID"、盘点验收实拆情况，对应拆、实拆、实交量进行确认，对存在的差异，由施工单位说明原因，确认后形成退役资产拆除计划执行情况表。由于施工单位原因导致不能足额回收的，由施工单位依据合同赔偿损失。

第四十条　项目管理单位（部门）应将拆除资产计划执行情况、实际回收明细等资料列入工程结算、决算审核和工程审计范围。施工单位在项目结算资料中未提交拆除资产回收资料的，以及应拆、实交量重大偏差无法说清楚的，不得办理项目结算，或根据资产缺失情况扣除施工款（扣除单价参照当地同类报废物资两个月内竞价处置平均单价计算）。

二、典型案例

【案例5.2.1】拆除物资未回收

国网湖北××供电公司 35kV××线 21～22 号跨越××高速改造工程未办理物资拆除及回收手续，现场计划拆除原 21～22 号铁塔 2 基、导线 0.22km，截至审计日实际未能拆除，不能达到拆旧物资在施工现场移交的要求。

【案例5.2.2】拆除物资未回收，被施工单位遗失

国网湖北××供电公司 10kV 葵 59××二回线××支线高故障改造工程于 2020 年 10 月 1 日开工，2020 年 12 月 10 日竣工，截至送审结算审核日，未收到 1.1t LGJ-35/25 及 46 根 Φ190×10 混凝土杆拆除废旧物资移交清单，经核实，废旧物资未回收，被施工单位遗失，结算审核单位依据《国网湖北省电力公司废旧物资管理办法》[国网（物资/2）127-2018]文件标准扣减相应施工费。

三、形成原因分析

施工单位未按照拆旧物资拆除计划进行回收，未及时移交物资部。项目单位管理不到位，未监督施工单位按照相关制度履行拆旧、回收、移交职责。

四、后期规范措施

（1）在施工合同中明确退出资产拆除的相关条款，按照合同约定完成拆除工程，未完成部分扣减其施工费，对整改不力的施工单位终止合同。对于无法移交拆旧资产情况，扣减施工单位等价施工费。

（2）项目管理单位按规定及时编制退役物资回收计划，建立废旧物资回收台账，避免废旧资产流失。

（3）严格执行现场拆旧完成后，实物管理部门、施工单位按照拆除设备（材料）清单进行退役物资的现场清点、移交，并签字确认流程。

（4）加强退役物资回收的鉴定管理，按规定进行鉴定，能用则进入资产再利用，不能用则进行报废处理。

5.3 问题：结余物资未办理退库手续

项目竣工后，应及时完成结余物资退库手续，避免造成电网资产流失。

一、审核依据

■ 《国家电网公司物资仓储配送管理办法》［国网（物资/2）125-2013］

第四十二条　各级物资需求单位（部门）领用后未使用物资，要及时办理退库手续，纳入 ERP 系统统一管理。

第四十三条　工程结余物资办理退库：

（一）在工程竣工后，由项目建设单位编制工程结余物资退库申请，专业管理部门审批后，办理实物退库；

（二）项目建设单位负责将退库物资送抵指定仓库和区域，退库物资必须质量合格、数量准确，资料齐全（包括但不限于合格证、说明书、装箱单、技术资料、商务资料等）；

（三）各级物资公司（供应中心）接收退库物资时，依据审批后的物资退库申请及鉴定表，核对物资的品名、规格、数量、相关资料，验收无误后方可接收物资。

■ 《国家电网有限公司工程财务管理办法工程管理》（国家电网企管〔2020〕763 号）

第三十二条　加强物资管理。加强物资发票管理，按"谁投资、谁抵扣"和"应抵尽抵"的原则，全面、细致地做好进项税抵扣工作。加强出、入库及库存管理，深化结余物资和废旧物资管理，严禁私自变卖、处置，实现物资管理闭环。建立实物信息与工程物资结算联动机制，项目物资结算前，应确保已领未用物资办理退库手续，推动工程项目物资规范管理。

■ 《国网湖北省有限公司关于工程结余物资财务处理的意见》（鄂电司财〔2019〕7 号）

施工单位原因造成实物无法退回，经项目管理部门与施工单位协商，以施工费抵账应退未退工程物资，可区分以下两种情况进行处理：

施工单位已将实物用于其自有工程，各供电公司可将结余物资作为销售处理；

施工单位无法查明物资去向的，作为施工单位赔偿供电公司损失处理。

🎬 二、典型案例

【案例5.3.1】结余物资未办理退库手续

国网湖北××供电公司 35kV 丰 33××线 19～22 号、72～81 号线路改造工程甲供物资 Q345 角钢铁塔 15.07t，实际使用 14.26t，结余 0.81t；甲供物资 JL/G1A，150/25 钢芯铝绞线 1.43t，实际结算 0.98t，结余 0.45t，物资结余金额 13138.35 元。截至结算审核之日未办理结余物资退库手续，审核单位采用扣减等额施工费的方式进行对未退库结余物资进行审计。

📦 三、形成原因分析

（1）项目单位对工程结余物资管理不到位，未认真履行结余物资退库手续。

（2）针对施工单位无退库考核机制，主动办理退库手续的意识较差。

📒 四、后期规范措施

（1）组织项目管理培训，着重介绍结余物资管理流程。

（2）常态化开展结算审核工作，对施工单位拒不退库的情况审减等价施工费。

（3）加强项目现场验收，比对 ERP、物资结算表、入库单和库存实物的数量、规格，确定应退库物资材料清单。

6

项目施工管理

6.1 问题：违法转包

项目管理单位及监理单位须对施工现场进行严格检查，严禁违法转包的行为发生，禁止施工单位中标后将承包工程以任何形式转包给其他单位或个人。

一、审核依据

■ **《国网湖北省电力有限公司关于进一步规范省管产业单位工程分包管理的通知》（鄂电司集管〔2019〕11号）**

禁止集体企业以任何形式进行工程转包，转包是指施工单位承包工程后，不履行合同约定的责任和义务，将其承包的全部工程或者将其承包的全部工程肢解后以分包的名义分别转给其他单位或个人施工的行为。以下情形属于工程转包行为：

（1）将其承包的全部工程转给其他单位（包括母公司承接建筑工程后将所承接工程交由具有独立法人资格的子公司施工的情形）或个人施工的；

（2）将其承包的全部工程肢解以后，以分包的名义分别转给其他单位或个人施工的；

（3）未派驻项目负责人、技术负责人、质量管理负责人、安全管理负责人等主要管理人员，或派驻的项目负责人、技术负责人、质量管理负责人、安全管理负责人中一人及以上与施工单位没有订立劳动合同且没有建立劳动工资和社会养老保险关系，或派驻的项目负责人未对该工程的施工活动进行组织管理，又不能进行合理解释并提供相应证明的；

（4）合同约定由承包单位负责采购的主要建筑材料、构配件及工程设备或租赁的施工机械设备，由其他单位或个人采购、租赁，或施工单位不能提供有关采购、租赁合同及发票等证明，又不能进行合理解释并提供相应证明的；

（5）专业作业承包人承包的范围是承包单位承包的全部工程，专业作业承包人计取的是除上缴给承包单位"管理费"之外的全部工程价款的；

（6）承包单位通过采取合作、联营、个人承包等形式或名义，直接或变相将承包的全部工程转给其他单位或个人施工的；

（7）专业工程的发包单位不是该工程的施工总承包或专业承包单位的，但建设单位依约作为发包单位的除外；

（8）专业作业的发包单位不是该工程承包单位的；

（9）施工合同主体之间没有工程款收付关系，或者承包单位收到款项后又将款项转拨给其他单位和个人，又不能进行合理解释并提供材料证明的。

两个以上的单位组成联合体承包工程，在联合体分工协议中约定或者在项目实际实施过程中，联合体一方不施工也未对施工活动进行组织管理，并且向联合体其他方收取管理费或者其他类似费用的，视为联合体一方将承包的工程转包给联合体其他方。

二、典型案例

【案例6.1.1】全部工程转包，仅收取10%管理费

2018年××公司下达10kV开关设备改造项目，项目实施时间为2018年，由××公司承揽施工，金额48万元，经巡察发现（查合同内容）××公司将其承包的全部工程转包给了××公司施工，转包金额43.2万元，××公司收到10%管理费用。

三、形成原因分析

施工单位对《国网湖北省电力有限公司关于进一步规范省管产业单位工程分包管理的通知》等规章制度不够了解，为获取利益违法转包。

四、后期规范措施

（1）加强对《国网湖北省电力有限公司关于进一步规范省管产业单位工程分包管理的通知》（鄂电司集管〔2019〕11号）的学习宣贯，提高工程全过程管理规范化水平，强化工程管理的监督与考核。明确各层级管理职责，规范施工分包各关键环节，规范合同管理工作，提高合同管理效率。

（2）定期开展施工单位能力评估，对明显施工能力不足的皮包公司，不与其签订工程合同。

（3）加强现场管理，供电部门项目管理人员、监理人员要对施工现场进行核查，发现混岗串岗行为立即进行纠正处分，严惩不贷。

（4）有违法转包行为的单位纳入公司黑名单，禁止再承接公司业务。

6.2　问题：违规分包

项目单位及监理单位应严格管理施工现场，严禁施工中标单位将工程的主体部分分包给个人或其他单位施工。

一、审核依据

■ 《国网湖北省电力有限公司关于进一步规范省管产业单位工程分包管理的通知》（鄂电司集管〔2019〕11号）

集体企业专业分包和劳务分包采购工作应当依法合规，符合国家电网公司和公司关于工程分包的相关要求，不得存在以下违法分包情形：

（1）将工程分包给个人；

（2）将工程分包给不具备相应资质或安全生产许可的单位；

（3）施工合同中没有约定，又未经建设单位认可的情况下，将承包的部分专业工程交由其他单位施工；

（4）将承包工程的主体部分进行专业分包；

（5）将承包专业工程中的非劳务作业部分再分包；

（6）将其承包的劳务再分包；

（7）劳务分包商除计取劳务作业费用外，还计取主要材料款、周转材料款和大中型施工机械设备费用。

二、典型案例

【案例6.2.1】主体部分进行专业分包

110kV××输电线路杆塔基础加固工程，总包为公司三产，总包金额26万元，分包给某建筑企业，分包合同资金21万元，分包工程内容与总包的合同内容基本一致，分包资金比例80%。

（合同法要求：分包比例不能超过50%，否则为主体工程分包，违反合同法）

该分包业务属于施工总承包单位将施工总承包合同范围内工程主体结构的施工分包给其他单位，同时比例过高。

【案例6.2.2】设备大修项目以检修施工合同分包，且总分包合同内容雷同

110kV××线拉线、绝缘子、防振锤等设备大修，总分包合同工作内容完全一致。且分包合同使用的是检修施工合同，而非劳务施工合同。集体企业承载力不足。

三、形成原因分析

施工单位对《国网湖北省电力有限公司关于进一步规范省管产业单位工程分包管理的通知》等相关规定学习不足，项目管理单位未严格核查施工单位工作情况，该行为无法保证施工质量。

四、后期规范措施

（1）加强对《建筑工程施工发包与承包违法行为认定查处管理办法》《国家电网有限公司省管产业单位施工类企业工程分包监督管理办法》等相关制度的学习宣贯，规范工程施工发包与承包活动，保证工程质量和施工安全。加强《建设项目工程总承包管理规范》的学习宣贯，提高工程全过程管理规范化水平，强化工程管理的监督与考核。

（2）严格管理施工参建单位，禁止违规转包分包的行为，对巡视巡察中发现的存在违规转包分包行为的单位进行考核，造成严重后果者纳入不良供应商名单。

（3）加强分包合同监管，分包单位按照规范程序在合格分包商名录中选用，不定期查看施工费支付对象与合同一致性和农民工工资拨付情况。

6.3 问题：重大事项变化未经审批

对于项目总投资、里程碑、主要实施内容发生较大改变或发生超计划之外的内容，应履行调整审批流程。

一、审核依据

■ 《国家电网公司综合计划管理办法》[国网（发展/2）361—2014]

第五章 综合计划调整

第五十一条 因不可抗力或国家政策调整等因素影响，年度计划指标不能完成时，可以申请调整。

第五十三条 综合计划年度调整由国网发展部统一组织，具体调整建议由各级单位专业部门提出，计划归口管理部门统筹协调，统一由省公司、直属单位正式行文向总部上报综合计划调整申请，并说明调整理由。

■ 《国家电网有限公司电网生产技术改造工作管理规定》

（三）调整程序

1. 总部下达项目

分部、各单位根据实际需要，合理提出限上项目明细和限下项目投资规模（含业扩配套电网技改项目包）的调整需求，履行本单位决策程序后，报总部决策后调整。

2. 分部、各单位下达项目

项目单位提出调整需求，经本单位设备管理部门审核后，会同发展和财务等部门，履行本单位调整决策程序，完成本单位限下项目投资规模内项目计划和预算调整。

（四）调整类型

1. 项目调增，指根据实际需求新增的项目，需要调整纳入年度计划。调增项目必须来源于储备库且完成可研批复，所需预算优先在本单位限下项目投资规模内平衡。应急项目、公司指定加快实施项目等调增需求按照管理权限纳入公司综合计划和预算调整。

2. 项目调减，指已不具备实施条件或实施必要性的项目，需要在年度计划中退出。项目调减应按照管理权限履行调整程序。

3. 项目调整，指下达项目实施条件发生变化，需要对项目方案、投资规模或实施周期等进行调整。因实施方案变化导致资金重大调整的项目，应重新履行可研审批程序和计划调整程序。仅因招标采购因素引起投资变化的项目，不需重新履行可研审批程序，但当年投资变化超过 15%时需履行计划调整程序。

二、典型案例

【案例6.3.1】项目逾期未竣工，未履行里程碑调整手续

2019～2020 年国网湖北××供电公司 35kV××线 13～14 号跨越高速改造工程。该项目里程碑应于 2020 年完工，实际 2021 年 5 月竣工，未履行调整里程碑手续。

【案例6.3.2】项目改造对象发生重大变化，未重新履行可研审批流程

2020 年检修分公司专项"110～220kV 输电线路跨高速区段安装导地线后备线夹项目"实际较可研变更线路 12 条，差异率 63.16%，改造对象发生重大变更未重新履行可研审批流程。

2021 年国网湖北××供电公司 110kV××站等三座变电站新增 3 套备自投工程，原项目内容为新增××变等三座变电站备自投，由于××站已申请 2022 年综合设备改造，故实施方案将××站变更为××站新增备自投，项目内容发生重大改变，需重新履行可研审批流程。

【案例6.3.3】项目内容发生重大变化，未重新履行可研审批流程

2019 年，××公司技改项目"220kV××线 64～65 号跨越××高铁改造"，投资计划 343.49 万元，可研及设计图施工内容均为新建 4 基杆塔、0.1km 导线和 0.65km 电缆，拆除 2 基杆塔。实际仅新建 1 基杆塔，差异率 75%；导线光缆均利旧，差异率 100%；2 基旧杆塔未拆除，差异率 100%。该项目规模、资金变更约 75%，未履行项目调整流程。

【案例6.3.4】项目总投资偏差较大，未履行资金调整手续

2021 年国网湖北××供电公司 10kV 大 53××线张冲七组等 30 个台区高损配变改造估算中变压器、配电柜及配套附件设备购置费 105.71 万元，实际中标价 167.12 万元，需调增资金 61.41 万元，该项目总投资超原计划资金 15%，未履行资金调整手续。

三、形成原因分析

项目管理单位对于《国家电网有限公司电网生产技术改造工作管理规定》理解不到位，在项目未能按照里程碑计划完工、项目总投资偏差超 15%、项目实施内容发生较大改变的情况下未及时申请项目调整。

四、后期规范措施

每年 7 月份组织各项目单位集体清查当年项目是否能够按期竣工（里程碑）、项目总投资变化幅度（结合物资中标价格、收口概算）、项目实际实施内容（现场环境变化），及时申报项目调整。

6.4 问题：发生特殊情况项目需中止

6.4.1 问题：遇不可抗力因素，项目无法继续执行

已不具备实施条件或实施必要性的项目，需要在年度计划中退出或调整，应及时履行调整手续，对于已发生的工程成本据实结算。

一、审核依据

■ 《国家电网有限公司电网生产技术改造工作管理规定》

第二十二条　年度计划和预算调整

（四）调整类型

2. 项目调减，指已不具备实施条件或实施必要性的项目，需要在年度计划中退出。项目调减应按照管理权限履行调整程序。

■ 《国家电网公司工程竣工决算管理办法》

第三章　竣工决算报告编制原则

第十条　工程竣工决算报告数据须真实准确，依据会计账簿、凭证及批复概算、确定的结算书、合同等资料编制，做到账实相符、账表一致，工程成本中不得预估、预留工程其他费用支出。

二、典型案例

【案例6.4.1】外部影响项目无法继续执行

2022 下达投资计划项目：35kV××线、35kV××线等 8 条跨××高速改造技改项目。2022 年 3 月份接××市政府正式通知，××高速要拓宽，所有涉及跨越线路由政府出资迁改。以上 8 条线路采购的物资已到货入账，为避免重复投资，该批项目应停止施工，同步调整项目内容及总投资，对于已发生的工程成本（物资款）据实结算。

三、形成原因分析

外部环境发生改变，原项目已不具备实施条件或必要性。

四、后期规范措施

实时梳理项目执行情况，对于不可抗力的外部因素导致项目无法继续实施，应及时履行调整手续，对于已发生的工程成本据实结算，将相关红头文件留档备案。

6.4.2 问题：发生严重违章，项目需紧急中止

在项目建设过程中，供应商须严格遵守现场安全措施要求，对于项目实施过程中发生危险作业或出现安全事故等违章情况必须立即中止施工。

一、审核依据

■ 《国家电网有限公司业务外包安全监督管理办法》

第五十三条 "黑名单"管理是对安全事故（件）负有主要责任承包单位及其项目负责人，永久或在一定期限内，在公司所有工程、服务项目禁入。

第六十五条 对纳入"黑名单"时承包单位正在实施（或已签订合同）的外包项目无法终止的，发包单位应将其列入重点安全监管对象，采取加大检查频次、派驻专人监护等措施，督促吸取事故教训，落实整改措施。

二、典型案例

【案例6.4.2】施工单位在施工过程中严重违章被列入黑名单

2021 年 8 月 11 日，××公司作业人员在 35kV××变电站沈 34 间隔 35kV××线进线构架上进行防腐作业（成本项目），该条线路未停电，安全距离无法保障，明显超出计划作业范围，高处作业并未采取安全保护。省公司远程稽查定义为恶性违章一次，并将××公司列入"Ⅲ类黑名单"

实施禁入管理，禁入期限 1 年（2021 年 8 月 12 日～2022 年 8 月 11 日）。

【案例6.4.3】被禁入的单位未及时发现

国网××供电公司××分公司与外包××公司签订的框架合同时间为 2021 年 2 月 1 日，外包××公司禁入开始时间为 2021 年 3 月 9 日。国网××供电公司××分公司技术室为合同承办部门，分别于 2021 年 4 月 1 日、7 月 19 日与其签订了两份明细施工合同。2021 年 8 月，国网××供电公司××分公司才知晓外包××公司的禁入通知。将正在执行的合同和施工单位列入了重点安全监管对象，采取加大检查频次、派驻专人监护等措施，确保现场安全管控到位。同时，在 8 月之后，终止办理外包××公司的其他施工明细合同。

三、形成原因分析

（1）外包施工队入围筛选把关不严。

（2）公司安全学习落实不力、督导组织外包单位执行不严，侧面体现公司生产作业现场外包安全管理存在明显漏洞。

四、后期规范措施

（1）加强项目单位对施工现场安全管理措施落实情况监督，加强供应商后评价管理，实时关注被禁入单位名单库，对于违章操作的施工单位进行警告及处罚，严重者纳入不良供应商名单。

（2）严重违反安全规定的施工单位直接终止合同，根据已完成工程量据实结算。

6.5　问题：中间验收不规范

项目建设过程中，阶段性验收包括设备监造及出厂验收、隐蔽性工程验收、主设备解体检查验收以及关键环节抽样检查验收等内容，项目单位进行项目阶段性验收后应保留相关佐证资料，以备后期审计需要。

📖 一、审核依据

■ 《国家电网公司生产技术改造和设备大修项目验收管理规定》

第十五条　阶段性验收是指设备监造及出厂验收、隐蔽性工程验收、主设备解体检查验收以及关键环节抽样检查验收等。

第十七条　隐蔽性工程验收。项目施工单位在工程隐蔽前向项目单位提出验收申请，项目单位在接到验收申请 5 个工作日内组织运维单位及监理单位进行隐蔽性工程验收并编制隐蔽性工程验收报告（附验收影像资料）。

第十九条　交接试验项目抽样检查验收。工程安装调试完毕后，项目单位应对交接试验项目进行抽样检查，抽样检查应按照不同电压等级、不同设备类别分别进行，抽检项目应根据设备及试验项目的重要程度有所侧重，抽检率不低于 10%。对于抽样检查不合格的项目，应责成施工单位对该类项目全部进行重新试验。验收情况应记入抽样检查记录。

第二十条　阶段性验收涉及的监造报告、隐蔽性工程验收报告、主设备解体检查验收记录、抽样检查记录应随项目竣工投产移交归档。

🎬 二、典型案例

【案例6.5.1】中间验收环节缺乏纸质记录和痕迹化

2018 年××公司下达国网湖北××供电公司 110kV××变电站设备区场区、巡视道、电缆沟、防火墙等大修，项目实施时间为 2018 年 12 月，总投资 38.23 万元，为公司管理限下大修项目。该项目按照计划时间完工，并于 2018 年进行了审计，武龙审字〔2018〕165 号，存在主要问题：班组人员及运维室工程管理及项目管理人、施工方对中间验收环节缺乏纸质记录和痕迹化（实际此项工作已开展），无支撑资料佐证。

📦 三、形成原因分析

项目单位对竣工验收工作重要性认识不足，未严格按照《国家电网公司生产技术改造和设备大修项目验收管理规定》等相关规定进行项目竣工验收程序。

四、后期规范措施

针对上述问题项目单位需立即组织相关部室、班组人员和施工方对项目问题进行整改；并按照国家电网公司和省级电力公司工程管理相关规定要求，对所有项目完善中间验收作业卡环节，对问题项目的相应资料进行补充及完善。

6.6　问题：竣工验收不规范

在进行项目验收工作时，验收人员需严格按照施工图纸核实现场工作内容，确保工程验收工作准确有效。

一、审核依据

■　《国家电网公司输变电工程设计质量管理办法》[国网（基建/3）117-2017]

第二十一条　竣工图设计应符合国家、行业、公司相关竣工图编制规定，内容应与施工图设计、设计变更、施工验收记录、调试记录等相符合，真实、完整体现工程实际。

■　《国家电网公司生产技术改造和设备大修项目验收管理规定》

第四章　竣工验收管理

（二）现场验收

1. 验收人员须持验收指导卡进行验收，验收中发现的问题及项目施工单位消缺情况应在验收指导卡中详细记录。

2. 项目施工单位应派专人全程配合验收工作，为验收人员开展工作创造条件，及时解答验收人员提出的问题。

3. 项目设计单位、项目监理单位应派人全程参与，对验收中提出的相关问题给予解答。

二、典型案例

【案例6.6.1】竣工图失真，未能真实反映工程量

国网湖北××供电公司35kV××线218~219号、××线70(原95号)~71号（原96号）跨越××高速段改造工程，设计单位出具的竣工图有一处电缆井经现场勘察实际不存在，无设计变更文件，竣工图未能真实反映工程量。

【案例6.6.2】竣工验收管理流于形式，未开展三级验收

××供电公司2019~2021年大修项目2个：110kV××变电站10kV福54××线回龙街道3号公用变压器台区等9个配电台区低压线路大修，10kV仁65××线等配电线路防雷装置大修，均有隐蔽工程，但工程隐检资料缺失，如杆塔基础、接地扁钢等。以上两个均于工程在2020年7月前已竣工，截至审计日，未见隐蔽工程隐检资料。

××供电公司2019~2021年大修项目4个：10kV南62××线等线路电杆防撞标识大修、××社区××中学1号公用变压器等73个损坏配电箱维修、110kV××变电站10kV福54××线××街道3号公用变压器台区等9个配电台区低压线路大修，10kV仁65××线等配电线路防雷装置大修。国网××供电公司运维检修部出具竣工验收报告，报告仅有开竣工时间，无具体验收内容，无公司自检报告等资料。

××供电公司××街道等31个高层小区火灾隐患治理项目计划投资金额为106.07万元，工程竣工验收报告由施工单位、项目管理单位签署验收合格意见，竣工工作内容为：××市高层直供小区封堵涉及31个小区，共计162栋楼，6216层，封堵点数3954个。经现场核查，××小区63个封堵点未实施。

三、形成原因分析

（1）项目管理单位进行现场竣工验收工作时，未针对设计单位出具的竣工图纸严格审核现场工程量，导致问题发生。

（2）设计单位未到现场核实，虚假出具竣工图。

（3）项目管理单位验收造假，未协同设计、监理、施工单位开展验收工作，导致实际工程量与项目批复内容不符。

四、后期规范措施

（1）责令设计单位限期按照项目实际竣工现场提供真实竣工图，严格要求设计单位加强对设计文件的质量管理，确保设计文件齐全、设计内容准确、设计深度合规。

（2）对设计单位建立考核机制，确保工程设计质量。

（3）加强工程验收管理，将验收质量纳入考核范畴。

7

项目监理管理

7.1 问题：监理未履职/履职不到位

项目实施过程中监理履职流于形式，如监理不到场，监理监管不到位，监理资料事后补充/不能按合同约定及时提交监理资料。

一、审核依据

■《国家电网公司输变电工程建设监理管理办法》[国网（基建/3）190-2015]

第十七条 在工程建设项目监理实施过程中，总监理师应每月定期向监理单位本部和业主项目部报告监理工作开展情况，由监理单位定期向业主项目部书面报告监理工作任务完成情况，工程竣工投运后向委托方提交监理工作总结。专业监理师应认真填写监理工作日志。

第十九条 输变电工程建设监理的主要工作内容包括监理范围内的工程安全监理、质量控制、进度控制、造价控制、合同管理、信息管理、工程协调等。开展建设项目环境监理和水土保持监理的，按照公司有关规定执行。

二、典型案例

【案例7.1.1】项目实施过程中监理未到场

国网湖北××供电公司 220kV××线地市重要通道智慧线路建设项

目，2021 年 12 月项目已完工，实施过程中监理未到场，未收到监理方案、监理日志、监理工作总结等监理资料。

【案例7.1.2】项目实施过程中监理未履职

国网湖北××供电公司 10kV×× 等 56 个台区低压设施大修项目，项目于 2020 年开工，项目未按期完工，监理单位未下达整改通知书。

【案例7.1.3】项目完工2年以上仍未收到监理资料

截至 2022 年 3 月底，2020 年国网××供电公司已签订监理合同的所有技改大修项目均未收到监理日志。

截至 2022 年 3 月底，2019 年国网××供电公司签订的 220kV×× 及 110kV×× 等变电站大修项目仍未收到监理方案、监理日志、监理工作总结等监理资料。

【案例7.1.4】监理工作无支撑资料

国网××供电公司已签订监理合同的所有技改大修项目均未收到监理方案、监理日志、监理工作总结等监理资料。

三、形成原因分析

项目管理单位对监理单位的管控不力；监理公司为内部单位，无市场竞争压力，监理履职普遍流于形式，监理资料普遍为事后补充。

四、后期规范措施

需加强对监理单位的管控，如细化监理合同违约条款并增加考核力度、完善监理单位后评价体系。对拒不改正单位，除按合同约定处理外，取消框架招标资格。

7.2　问题：项目应监理未监理

项目单位应严格按照《国家电网有限公司电网生产技术改造工作管理规定》确定项目是否需要监理，需要监理的项目必须安排监理单位到场履职。

一、审核依据

■ 《国家电网有限公司电网生产技术改造工作管理规定项目监理》

第二十九条

（一）对于非自行实施的，且满足以下任一条件的项目，应实行项目监理，监理单位资质应符合国家和行业相关规定要求。

1. 规模限上项目。

2. 工作内容符合项目监理目录（见附录），且监理费用达到 2.5 万元及以上的项目。

3. 由于现场安全作业条件恶劣、改造方案复杂或施工技术难度高等因素，可能导致安全、质量、进度或造价问题的项目。

（二）项目单位要督促监理单位对项目安全、质量、进度、造价进行控制，按照项目里程碑计划及时提交监理资料。项目单位应组织对各监理单位工作进行检查、评价和考核。

二、典型案例

【案例7.2.1】应监理项目未委托监理

2021 年国网湖北××供电公司 35kV××线 22～23 号跨××高速改造工程项目未签订监理合同。输电三跨项目涉及隐蔽工程施工，且属于二级作业风险，应实行项目监理。

三、形成原因分析

（1）项目管理人员对施工监理作用认识不到位。

（2）监理单位普遍存在履职流于形式，未发挥监理项目职能。

四、后期规范措施

（1）按制度办事，严格按相关规章制度实行项目监理，对于部分涉及作业风险、隐蔽工程施工的项目强制要求安排监理到岗履职。

（2）加强监理单位的管控和评价，起到项目监理应有的作用。

8

项目结、决算管理

8.1 问题：以概（估）算代替送审结算

结算送审资料中施工结算书应由施工单位编制完成，禁止以概（估）算代替结算作为送审资料。

一、审核依据

■ 《国家电网有限公司电网生产技术改造工作管理规定》

第三十一条 项目结算与决算

（一）项目竣工验收合格后，项目单位应组织审核设计、监理、施工、调试等各方编制的工程结算，形成项目结算报告提交财务部门。项目结算报告在项目竣工验收合格 60 日内完成。

（二）项目结算报告完成后，财务部门应组织编制项目竣工决算报告。

■ 《生产技改大修项目结算管理监督细则》

2.4 项目审价（计）

检查：2. 比对项目概算书、结（决）算书，判断是否存在以概（估）代结（决）算的情况。

二、典型案例

【案例8.1.1】以估算代替结算送审

国网湖北××供电公司 110kV××变电站等 110kV 断路器大修项目施工单位以估算书代替施工结算书作为送审资料送审。

三、形成原因分析

（1）估算书为概算定额，且工程量与实际有偏差，结算书应为预算定额，按照现场实际计算工程量。

（2）施工单位、项目单位对技改大修结算工缺乏有效管理。

四、后期规范措施

（1）严格落实结算管理办法，对不执行到位的单位通报、考核扣分处理。

（2）定期组织项目管理专责、施工单位技经人员参加培训，明确送审资料模板及目录，提升业务水平。

（3）对以概（估）代结送审的项目不予以审核，对相关单位进行考核。

8.2 问题：结算送审不及时

项目结算报告应在项目竣工验收合格 60 日内完成。

一、审核依据

■ 《国家电网有限公司电网生产技术改造工作管理规定》

第三十一条 项目结算与决算

（一）项目竣工验收合格后，项目单位应组织审核设计、监理、施工、调试等各方编制的工程结算，形成项目结算报告提交财务部门。项目结算报告在项目竣工验收合格 60 日内完成。

（二）项目结算报告完成后，财务部门应组织编制项目竣工决算报告。

（三）项目单位应按照公司资产管理相关要求，建立设备台账，提交财务部门办理转资手续。

二、典型案例

【案例8.2.1】结算送审严重超期

110kV××变电站综合改造项目为 2017～2019 年技改项目，于 2019 年 10 月份竣工，2020 年 8 月仍未提交结算报告。

三、形成原因分析

项目单位及施工单位不重视施工结算，以"完工即拿钱"的惯性思维进行施工，项目单位具有一定的拖延症，到项目审计来临时才准备送审资料。

四、后期规范措施

（1）项目管理单位应严格执行项目管理规定，于生产技改大修项目竣工投运后 60 日内完成结算报告提交。

（2）施工单位是否按时送审结算报告，纳入后评价体系进行评价。

8.3 问题：结算送审资料不完整

项目结算审核阶段，项目管理单位需配合审核单位要求参建方提供完整的结算送审资料。

一、审核依据

■ 《国家电网公司输变电工程设计质量管理办法》[国网（基建/3）117–2017]

第十二条 工程设计质量全过程管控主要内容包括设计策划、初步设计、初步设计评审、施工图设计、施工图会检、现场服务、设计变更、竣工图设计、图纸日常管理、设计回访等。

第二十一条　竣工图设计应符合国家、行业、公司相关竣工图编制规定，内容应与施工图设计、设计变更、施工验收记录、调试记录等相符合，真实、完整体现工程实际。

■　《结算相关管理制度》结算资料要求

■　《国网湖北省电力公司技改大修项目结算审核方案》

（六）施工费结算审核

1. 结算内容是否与竣工图纸、施工方案、现场签证单、设计变更后内容相符。

2. 工程量计算所采用的计算规则及计算所得的工程量是否准确。

二、典型案例

【案例8.3.1】送审资料未能提供竣工图

国网湖北××供电公司 10kV 悟 63××线、10kV 夏 57××线等线路应急防汛工程。××供电公司与设计院签订有设计合同，但设计院仅出具了初步设计成果文件，未出具竣工图，××公司送审资料未提供竣工图。

三、形成原因分析

（1）项目送审资料整理完成后未进行细致检查，对于遗漏的资料未能及时发现。

（2）项目单位专责不熟悉结算审核所需的关键资料，不清楚事务所重点要审什么，事务所是审量、价、取费依据，工程量主要就是依据竣工图，不重视技改大修结算审核工作。

四、后期规范措施

（1）定期组织项目管理专责、资料员参加培训，明确送审资料模板及目录，提升业务水平。

（2）对履职不到位的相关单位进行考核。

8.4 问题：结算时相关费用计取不合理

8.4.1 问题：调试费用结算依据不足

项目结算中计取相关调试费用，须提供对应的调试报告，未提供对应调试报告的调试费用应在结算审核结论中予以审减。

一、审核依据

■ 《国网湖北省电力公司技改大修项目结算审核方案》

审核资料移交清单，方案结算审核原则"5. 对其他合同及费用采用逐项审核法，核定其真实性、合规性。"

二、典型案例

【案例8.4.1】结算申报计取调试费用但缺少调试报告

国网湖北××供电公司 110kV 长江埠直流系统更换项目，送审结算套用在线监测系统检验定额子目，变电站自动化设备计算机监控系统 110kV 调试定额子目，智能变电站自动化系统智能变电站系统调试定额子目，交、直流电源一体化系统调试定额子目，直流电源设备蓄电池馈线屏调试定额子目，但未提供以上定额对应的调试报告。

三、形成原因分析

（1）分包商为抬高结算金额获取更大利润，采取虚套调试定额等手段。

（2）合同签订过程中模糊价格和合同内容的匹配，以便获取更大利润。

四、后期规范措施

（1）定期组织技经人员培训，强化据实结算意识，对确实发生调试费用的，需提供真实有效的调试报告作为支撑依据。

（2）加强对施工单位结算编制的审查，杜绝高套、虚套定额的现象发生。

8.4.2 问题：结算缺少工程量核定依据

对于无设计单位参建的大修项目，应要求施工单位编制竣工图或已完工程量表，无支撑依据的施工费不予结算。

一、审核依据

■ 《国网湖北省电力公司技改大修项目结算审核方案》

（六）施工费结算审核

1. 结算内容是否与竣工图纸、施工方案、现场签证单、设计变更后内容相符。

2. 工程量计算所采用的计算规则及计算所得的工程量是否准确。

二、典型案例

【案例8.4.2】送审资料缺少工程量核定支撑文件

国网湖北××供电公司 10kV 铺 511××一回线××台区等台区低压终端头大修项目，无设计单位参建，施工单位也未编制竣工图和已完工程量表，送审资料无实际完工工程量支撑性材料。

【案例8.4.3】人工费工日数量无现场签证单支撑

2018 年××任中审计，××配电网架空线路及设备大修计划资金 55.00 万元，由××施工，经过××公司审计，审定金额为 55.00 万元，施工费内容均为人工费，按每人 200 元/天结算，无现场签证单支撑。

三、形成原因分析

大修项目无设计单位参与，施工单位以"做事拿钱"的惯性思维进行结算。

四、后期规范措施

（1）补充工程量签证单，涉及装饰装修或土建部分需施工单位出具施工图及工程量计算底稿，经结算审核单位现场核对，确定工程量属实后再进行结算费用的确认。

（2）对施工单位宣贯技改大修项目结算审核要求，统一资料送审模板，制定施工单位送审规范性考核办法，进而加强其项目管理规范性意识。

8.4.3　问题：定额套用不规范

在项目结算审核工作中，结算审核单位应严格按照工作内容及相关定额审核费用计取是否合理，杜绝施工单位为增加结算施工费，随意调整定额系数，套取施工费用的情况发生。

一、审核依据

■ 《电网技术改造工程预算定额（2020年版）》
■ 《电网检修工程预算定额（2020年版）》

二、典型案例

【案例8.4.4】高套、虚套结算定额

国网湖北××供电公司10kV魏55××一回线等架空线路防雷综合治理项目送审定额××4-6架空线路避雷器更换10kV调整系数为1.5倍。

原××4-6定额基价：70.51元/支，调整后1.5倍的××4-6定额基价：105.77元/支。

三、形成原因分析

施工单位为多计取施工费，乱套定额，虚假编制竣工结算文件。

四、后期规范措施

（1）加强技经知识培训，了解标准定额子目具体施工工艺。

（2）常态化开展结算审核工作，加强外部单位监审，杜绝高套、虚套定额的现象发生。

8.4.4　问题：结算依据不充分

结算审核单位应严格审核其他服结算佐证资料，将依据不足的费用进行审减。

📖 一、审核依据

■ **《国家电网有限公司工程财务管理办法》（国家电网企管〔2020〕763号）**

第三十一条　加强工程成本过程管控，强化工程成本动态控制。

6. 对建设场地征用及清理费、工程监理费、设备材料监造费、施工过程造价咨询及竣工结算审核费、工程保险费、项目前期工作费、知识产权转让与研究试验费、勘察设计费、设计文件评审费、大件运输费、工程建设检测费，依据概算额度，通过招投标、合同管理等方式进行控制。

第三十三条　规范工程资金管理，严格执行财务审核制度。

（二）工程款项支付须以合同、发票、出入库料单、工程结算等依据。财务部门应对工程项目资金支出合法性、合理性及资金支付手续是否齐备进行审核。如确需支付至个人的费用需同时提供收款人身份证复印件、本人签名收据等资料。

🎬 二、典型案例

【案例8.4.5】建设场地征用及清理费结算依据不足

国网湖北××供电公司××35kV××线跨越高速改造工程、国网湖北××供电公司××35kV××线 12~13 号、45~46 号跨越××铁路、××高速改造工程列支电缆部分跨越高速赔偿费、措施费无支撑性资料（赔偿协议、铁路与公路管理局出具的发票），审减此费用。

📦 三、形成原因分析

（1）项目单位不清楚其他费用结算依据，未主动收集赔偿费用支撑资料。

（2）三跨改造涉及场地清理赔付单位多为铁路部门及高速管理部门，因内部体制管理等方面问题，无法提供正式签审批的收款流程。

四、后期规范措施

（1）常态化开展结算审核工作，加强外部监审，确保支付依据真实、有效、完整和合法，减少后期审计风险。

（2）严格执行政府赔偿标准和有关规章制度，依据赔偿协议、原始票证、赔偿明细清单等依据性资料据实结算费用，严禁无依据、无原则赔偿现象。

8.4.5　问题：结算时乙供材料价格虚高

项目结算审核阶段应严格审核乙供材料价格，避免施工单位通过虚报乙供材料价格的方式套取工程资金。

一、审核依据

■ 《国网湖北省电力有限公司关于印发输变电工程概算编制细则的通知》（鄂电司建设〔2021〕14号）

二、概算编制工作规定

（二）工程概算综合部分

7. 水泥、砂、石、钢材、商品混凝土等地方性材料价格，按照工程所在地定额站颁发的市场信息价格计取；商品混凝土应按当地定额站颁发的市场价格信息备注说明，根据实际运距调整价格。

二、典型案例

【案例8.4.6】乙供材料价格显著高于同期市场价

国网湖北××供电公司 35kV××线洪区灾后基础迁改项目细分基础与垫层商品混凝土强度，将送审混凝土搅拌及浇制定额替换为商品混凝土浇筑定额。送审商品混凝土价格为 510 元，审定 C25 商品混凝土价格为

493.74 元，C15 商品混凝土价格为 474.38 元。

三、形成原因分析

地方性材料若从外地购买，运输费较高，从经济性角度考虑，由乙方采购。施工方为谋取利益，采用虚报乙供材料价格等方式抬高结算总价。

四、后期规范措施

（1）合同中明确地材价格的计取方式。

（2）定期组织培训，宣贯物资材料价审核原则，对于乙供材料价格明显高于市场价的，按照工程所在地市场信息价进行审定，不能仅通过采购合同、发票来确定乙供物资价。

9

项目财务管理

9.1 问题：未完工程提前入账

项目结算阶段应严格核实现场工程量，按照现场实际工程量办理结、决算入账。

📖 一、审核依据

■《国家电网公司生产设备大修工作管理规定》［国网（运检/3）158-2014］

第二十九条 项目结算"生产设备大修项目交付生产运行后，项目单位组织各方按照实施方案、实际工作量编制结算书，审计结果作为计算依据之一"。

🎬 二、典型案例

【案例9.1.1】提前入账

××公司 2017 年 110kV××变电站环境整治项目，已发生运维站驻地整治优化 199.88 万元入账（未支付），截至 2019 年检查日项目未实施。

📦 三、形成原因分析

项目结算阶段未进行现场核实。

四、后期规范措施

（1）常态化开展结算审核工作，加强外部单位监审。

（2）强化竣工验收管理，运检部组织物资、设计、监理及施工单位进行验收，多方核实，确保竣工图与现场一致，将竣工图作为工程量依据进行结算；对于无设计的成本类项目，应出具工作票、停电计划、工程量签证单等支撑资料。

9.2 问题：虚列工程成本

弄虚作假虚列成本，属于项目管理中的高危风险，极易造成国有资金流失。

一、审核依据

■ 《国家电网公司生产设备大修工作管理规定》[国网（运检/3）158-2014]

第二十九条 项目结算"生产设备大修项目交付生产运行后，项目单位组织各方按照实施方案、实际工作量编制结算书，审计结果作为计算依据之一"。

■ 《国网湖北省电力有限公司关于印发生产技改大修项目全过程管理实施意见的通知》（电司设备〔2019〕78号）

第四十二条 及时、均衡开展项目结算、决算，物资按时办理出入库，加快项目关闭和资金入账，做到程序合规，避免未批先建、未干先决、虚列项目成本等情况出现。

二、典型案例

【案例9.2.1】虚增工程量

国网××供电公司2017年110kV××等变电站10kV电容器组大修，与××公司××分公司结算施工费60.87万元，其中××变电站2号电容器等 6 组无停电记录，延伸无上述 6 组电容器组大修分包合同及成本，资金已支付集体施工企业。在公司任期审计中定性为虚列工程成本。

【案例9.2.2】虚列材料款

××集团××分公司2017年在110kV关王变电站设备大修项目结算中虚列高压套管、全套密封垫等材料 10.66 万元（已支付），截至 2018 年 6 月检查日未实际发生。

【案例9.2.3】虚增材料款

2015 年××离任审计，抽查发现电容器、开关更换项目施工费列支电网材料款 214.21 万元，集体企业仅发生 31 万元。

三、形成原因分析

（1）资金支付流程不规范，未严把资金关。

（2）项目结算阶段未进行现场核实，结算把关不严。

四、后期规范措施

（1）进一步规范和加强资金支付流程管理。

（2）常态化开展结算审核工作，加强外部单位监审。

（3）强化竣工验收管理，运检部组织物资、设计、监理及施工单位进行验收，多方核实，确保竣工图与现场一致，将竣工图作为工程量依据进行结算；对于无设计的成本类项目，应出具工作票、停电计划、工程量签证单等支撑资料。

9.3 问题：资金支付流程不规范

工程款项支付须附合同、发票、出入库料单、工程结算等依据，最终按照审计结论完成资金支付，项目管理、财务部门应对工程项目资金支出合法性、合理性及资金支付手续是否齐备进行审核。

一、审核依据

■ 《国家湖北省电力公司生产技改大修项目结算管理工作指导意见》（运检〔2017〕32号）

第十七条 生产技改大修项目竣工投运后10日（限上项目15日）内，施工承包人应编制完成相应的结算文件，提交项目管理单位。结算文件中应包含承包人申请结算的全部费用结算书及相关依据，除项目管理单位要求在投运后新增实施的工作内容外，承包商未在规定时间内提交结算资料的费用项目不得纳入结算。

第十八条 施工承包人的结算文件内容与形式应按照《国家电网公司生产技术改造项目 竣工决算管理规定》〔国网（运检/4）319-2014〕附件的要求编制，并加盖执业专用章和单位公章。

第十九条 生产技改大修项目竣工投运后10日（限上项目15日）内，设计单位和监理单位完成各自费用竣工结算文件的编制并上报项目管理单位审核。项目管理单位向物资部门收集设备台账、材料明细等物资采购费用结算资料。物流中心提供的结算资料应真实有效，与安装、使用的设备和材料相对应，与物资供货合同及财务部门工程款支付情况相符合。

第二十二条 项目管理单位应于生产技改大修项目竣工结算书提交后的10日（限上项目15日）内完成审核确认和备案工作。

项目管理单位将生产技改大修项目竣工结算文件移交咨询单位进行审价。咨询单位收到生产技改大修项目竣工结算文件后7日（限上项目10日）内，开展项目结算审价工作，并完成审核意见初稿。

■ 《国家电网公司生产设备大修工作管理规定》〔国网（运检/3）158-2014〕

第二十九条 项目结算报告应在项目竣工验收合格后30个工作日内完成。

■ 《国家电网公司输变电工程结算管理办法》〔国网（基建/3）114-2015〕

第二十四条 220kV及以上输变电工程竣工验收后60日内，110kV及以下输变电工程竣工验收后30日内，建设管理单位应编制完成并上报工程结算报告。项目结算、支付过程中，结算资料未按要求履行审批手续，结算工程量未经审核，存在向施工方违规输送利益风险。项目实施单位负主要管理责任。

■ **《国家电网有限公司工程财务管理办法》（国家电网企管〔2020〕763号）**

第三十三条　规范工程资金管理，严格执行财务审核制度。

工程款项支付须以合同、发票、出入库料单、工程结算等依据。财务部门应对工程项目资金支出合法性、合理性及资金支付手续是否齐备进行审核。如确需支付至个人的费用需同时提供收款人身份证复印件、本人签名收据等资料。

二、典型案例

【案例9.3.1】结算书未经审核，全额支付工程款

国网湖北××公司2019年××10kV老旧分支线路改造项目，实施时间为2019年，计划总投资51.01万元，为零星技改项目。经2020年审计发现，结算书未经第三方审核直接足额支付。

国网湖北××供电公司10kV××线路等11个分支线路绝缘子大修项目，实施时间为2020年，经2021年审计发现，施工单位送审结算书未经审核，直接支付。

【案例9.3.2】工程款违规提前支付

2020年国网湖北××供电公司35kV××跨越××铁路"三跨"改造，项目施工合同80.1万元。项目开工后，项目单位在施工单位只修建了施工便道的情况下，提前支付55.34万元，支付比例与实际进度不相符。

【案例9.3.3】虚假编制竣工验收报告、工程款违规超前支付

国网湖北××供电公司35kV××等5座变电站直流系统改造、国网湖北××供电公司10kV××线等2条10kV线路SVG自动调压装置新增，上述两个项目为2020年技改项目，尚未完工的情况完成了资金支付，竣工验收资料造假，涉及施工费196.483万元。

【案例9.3.4】虚假编制竣工验收报告、工程款违规超前支付

2020 年，国网湖北××公司生产大修项目"××换流站干式电抗器专项检修工程"计划投资金额 361 万元。××换流站施工工作票反映 2021 年 10 月 31 日仍有施工班组进场实施本项目施工工作，实际完成 30%施工内容。2020 年 10 月 25 日，工程施工单位、监理单位、业主单位共同签署工程竣工验收报告。截至 2021 年 12 月 12 日审计日，××公司列支工程施工费、监理费成本合计 351.41 万元，超进度列支成本 245.99 万元。

【案例9.3.5】未考虑折扣比例超付工程款

国网湖北××公司××变电站 16 面 10kV 开关柜红外测温大修项目，项目实施时间为 2019 年，总投资 10.23 万元，为零星大修项目。该项目施工中标单位为××公司，框架协议为国网××供电公司 2019 年生产检修施工框架协议，折扣比例为 99.7%。最后实际结算未按照中标金额折扣比例 99.7%进行折扣。

【案例9.3.6】监理单位未按合同履约，监理合同款已付

国网湖北××供电公司 110kV××线 63～64 号跨××高铁改造工程监理合同签订费用为 17215 元，审核过程中发现监理单位未提供监理方案、监理日志等监理资料，监理费用却已支付。

2021 年国网湖北××供电公司±500kV××换流站干式电抗器专项检修大修项目，监理合同额 27786 元，审核过程中发现监理单位未提供监理方案、监理日志，但监理费用已支付。

三、形成原因分析

（1）项目单位未严格执行相关的规章制度，如结算未经审计禁止全额支付工程款项，工程量未经审核不得支付工程款等。

（2）项目单位未核实项目实施情况，监理付款审批签署流程流于形式，不够严谨。

四、后期规范措施

（1）项目管理单位加强项目结算审核管理，对施工单位提交的工程结算委托中标的第三方单位进行审核，未经审核的工程结算不能付款。

（2）建立长效的管理考核制度，将项目结算审核、决算审计纳入项目全过程管理。

9.4　问题：资金支付的原始凭证不齐全

项目单位在支付建场费等赔偿费用时，应严格审核赔偿协议、发票、收据等原始凭证，未收到付款清单和身份信息等佐证资料，不得进行建场费等赔偿费用支付。

一、审核依据

■ 国家电网公司工程其他费用财务管理办法［国网（财/2）473-2014］

委托乡镇及以上政府部门或者通过招标方式委托第三方办理赔付的，需提供赔偿协议、发票等原始票据、赔偿费结算明细表、资金支付凭据等资料。委托村委会办理赔偿的，需提供赔偿协议、全体受偿村民对村委会的授权委托、资金支付凭据、村委会出具的原始票据、赔偿费结算明细等资料。受偿人为个人的，收款凭据包括受偿人身份证复印件、收款银行回单、收款收条、电话号码。委托他人代办的，还应提供代办人身份证复印件。赔偿资金一般应通过银行转账方式支付，并直接支付给赔偿对象。通过现金支付的，应增加审核程序，核实真实性。履行必要的审核程序后，如果赔偿费用不真实则进行核减；电话核实无果或赔付依据不充足的，可确认投资，但将核实详细工作记录反映在结算审核报告中。

加强征地拆迁、青苗补偿等大额补偿、赔偿金使用管理，严格资金支付审批程序。业务经办部门应与相关主体签订协议。实际发放时，受偿人本人领取的，须审核领取人身份证原件，留存身份证复印件，受偿人亲笔签收；受偿人委托他人代领的，须审核委托人（受偿人）和受托人（代领人）身份证原件，留存委托人及受托人身份证复印件、委托人亲笔签名的授权书，受托人亲笔签收。

🎬 二、典型案例

【案例9.4.1】青苗补偿费凭证不齐全

国网湖北××供电公司110kV××一回线37～40号跨越××高速改造项目代建单位支付当地村委会青苗补偿费10万元，当地村委会未提供支付给个人的付款清单及个人身份信息等相关资料。

📦 三、形成原因分析

政府或集体单位（如村委会）审计规范性意识薄弱，涉及赔偿费用问题，除了直接赔偿给村民的部分外，村集体还要提取一部分留在村委会作公共支出之用，有的村干部图方便直接要求付现金方便村委会与村民划分赔偿比例。

🎞️ 四、后期规范措施

规范资金支付，所有款项均应通过银行转账支付。对直接支付给个人的赔偿等款项应签订协议，并收集收款人有效身份证复印件及本人签署的收据。

9.5　问题：违规支付施工图预算编制费

技改项目（限下）未编制施工图预算，施工图预算未真正发挥指导过程造价控制的作用。

📒 一、审核依据

■ 《国网湖北省电力有限公司关于印发输变电工程概算编制细则的通知》（鄂电司建设〔2021〕14号）

项目施工图设计评审意见发布后，设计单位须在施工招标前提交经建设管理单位审定的工程量清单及控制价。技改大修项目按照批复概算招标，基建项目依据施工图预算生成控制价进行招标；技改项目均未编制施工图预算，未起到指导工程造价作用。

二、典型案例

【案例9.5.1】违规支付施工图预算编制费

国网湖北××供电公司 110kV××线 51～64 号老旧线路及 40～41 号跨××高速改造工程批复概算中列支施工图预算编制费 14885.31 元，经核实，此项目并未编制施工图预算书，可已支付全额施工图预算编制费。

三、形成原因分析

未认真核实设计成果文件，直接按照合同支付设计费。

四、后期规范措施

技改大修项目估、概算中不列支施工图预算编制费。

9.6　问题：转资不及时

技改项目竣工后 7 个工作日内联系财务部完成暂估转资，及时增加公司资产规模，待审计结论出具后 30 个工作日完成最终转资。

一、审核依据

■ 《国家电网有限公司工程财务管理办法》(国家电网企管〔2020〕763 号)

项目管理部门应提供《暂估工程成本明细表》，为财务部门竣工投运当月完成暂估转增资产提供入账依据；项目决算报告出具后，项目管理部门根据决算报告，在一个月内完成财务相关的调账工作，调账后提交财务部门进行转增资产。

■《国家电网有限公司电网生产技术改造工作管理规定》[国网（运检/2）157-2020]

项目单位应按照公司资产管理相关要求，建立设备台账，提交财务部门办理转资手续。

二、典型案例

【案例9.6.1】转资不及时

数字化持续审计疑点核实工单：2021年数字化持续审计监督，资产增资及时性预警

"国网湖北××供电公司35kV××、××等变电站直流系统更换""国网湖北××供电公司35kV××变电站35kV陡31、32、33、34开关等""国网湖北××供电公司 D 类电能质量监测仪改造工程""国网湖北××供电公司 D 类电能质量监测仪改造工程"4 个技改项目，竣工投运时间为 2021年 10 月，截至审计日（2021 年 12 月 14 日），项目累计发生成本合计 143.24万元，累计转资金额均为 0，转资比例均为 0%。

三、形成原因分析

项目单位不清楚转资手续办理流程、不清楚转资时效要求。

四、后期规范措施

（1）竣工项目应于 7 个工作日内提供竣工验收报告、结算资料、暂估工程成本明细表等佐证资料提交财务部，当月完成暂估转增资产。

（2）出具审计报告项目应一个月内完成财务相关的调账工作，调账后及时提交财务部门进行转增资产。

9.7　问题：未按审定资金调账

项目出具审计报告后一个月内应按照审计结论完成调账工作。

一、审核依据

■ 《国网公司生产技术改造项目竣工决算管理规定》

第十九条　项目单位项目管理部门在项目竣工验收投运后 30 日（限上项目 45 日）内，将审核后的项目结算资料、项目竣工验收报告、合同、原始发票等结算资料提交财务部门办理项目价款结算。项目单位财务部门负责清理往来款项，根据经审核的工程结算资料支付工程尾款。

第二十条　项目竣工验收投运后 3 个月内，项目单位财务部门组织完成项目竣工决算报告的编制工作。

第二十一条　项目竣工决算报告编制完成 1 个月内，项目单位审计部门对竣工决算报告组织开展审计并出具审计意见。

第二十二条　竣工决算编制单位根据审计报告调整竣工决算，在审计报告出具后 15 日内，完成对竣工决算报告的全面修改，并以正式文件上报。

第二十三条　上级单位对上报的竣工决算进行复核，并在收到竣工决算审批申请之日起 1 个月内下达决算批复。项目单位根据决算批复，在 1 个月内完成相关账务调整工作，并办理转资手续。

二、典型案例

【案例9.7.1】数字化会计信息质量审计疑点核实工单

疑点描述：根据 ERP 系统中××公司 2019 年至 2022 年工程项目在建工程余额，与投资审计二期系统中项目审定不含税金额进行对比，将项目未按照审定金额进行调账作为疑点（选取成本金额较审定金额差额±5%～±100%内的项目），××公司涉及 77 个项目，涉及项差额 344.63 万元。

三、形成原因分析

项目单位未常态化开展项目清理调账工作。

四、后期规范措施

每年常态化开展"长期挂账清理"工作，制定挂账项目清单定期清理。

9.8 问题：项目法人管理费列支不规范

项目法人管理费要在控制范围内依法合规据实列支，严禁通过虚假业务等方式虚列管理费，加强项目法人管理费审核，禁止超支串项、调剂使用。

一、审核依据

■ 《国家电网有限公司工程财务管理办法》

第二十七条 项目法人管理费、招标费、工器具及办公家具购置费、生产职工培训及提前进场费等可控费用，在概算基础上设定内控系数上限，从严控制。加强项目法人管理费审核，禁止超支串项、调剂使用。项目法人管理费中的会议费、差旅费、业务招待费、工程档案管理费等费用标准，按公司相关管理规定执行；严格控制业务招待费支出，在不超过项目法人管理费内控目标总额 10%的限额内控制使用，竣工决算审核费在工程项目法人管理费概算额度内据实计入。

二、典型案例

【案例9.8.1】项目法人管理费使用不规范

疑点描述：根据 ERP 系统中××公司 2021 年配电网项目和高耗能项目列支项目法人费 32 万，列支方式为超市化采购硒鼓 811 支，采购时间为 2022 年 8 月 11 日，截至审计日（2023 年 5 月 12 日），项目采购硒鼓全部消耗完，硒鼓使用和费用列支不合理。

三、形成原因分析

项目单位通过电商平台采购办公用品置换物料（电脑、打印机、碎纸机、投影仪等），并且存在非项目单位人员领料的情况。

四、后期规范措施

（1）对工程法人管理费分项控制。单个项目分类纳入全面预算管理，确定执行监控考核标准，采用"一项一单"的形式，设置工程项目法人管理费各子项（如会议费、差旅费、办公费等）定额表单，列明每项发生地点、时间、人员、费用构成，实现对单个项目费用总量的控制。

（2）严把列支成本的真实性。通过强化工程项目业务报销的内部控制，对业务流程、审批权限和单据管理进行规范，增加稽核频率，确保法人管理费成本列支的真实性。

10

项目档案管理

项目档案管理工作是项目建设中的重要一环，完善的工程档案资料为项目后期结算、审计及巡视巡察提供了便利条件。

10.1　问题：工程档案归档不及时

📖　一、审核依据

■　《国家电网公司生产技术改造和设备大修项目档案管理规定》[国网（运检/3）918-2018]

第二十四条　项目管理单位应在生产技术改造项目竣工投运后 3 个月内、生产设备大修项目竣工投运后 1 个月内完成归档移交工作。

🎬　二、典型案例

【案例10.1.1】工程结算审核阶段，部分关键档案资料仍未归档

国网××供电公司××大修项目在结算审核阶段发现工程竣工验收报告、设备调试报告、监理工作日志等资料未完成归档。

🗄　三、形成原因分析

项目专责及参建单位对档案管理制度学习不足，对档案归档的重要性认识不到位，导致项目资料归档不及时。

▨ 四、后期规范措施

加强档案归档考核，项目管理单位应定期开展项目档案管理工作检查、评价和考核，检查结果纳入公司生产技改大修专业精益化管理评价体系。

10.2 问题：工程档案资料不完整

✔ 一、审核依据

■ 《国家电网公司生产技术改造工作管理规定》[国网（运检/3）157-2014]

第二十八条 项目建设管理单位负责项目初步设计（或施工图设计）审查批复。

项目批复过程中，设计资料未按要求履行审批手续，初设工程量未经审核，存在向设计方违规输送利益风险。项目管理部门负主要管理责任。

▨ 二、典型案例

【案例10.2.1】档案归档不完整

国网湖北××公司 2018 年××台区等 20 个台区增容改造项目，实施时间为 2018 年，计划总投资 86.89 万元，为零星技改项目。

经 2020 年审计发现，该项目审批程序不合规，该技改工程中，在立项管理方面未按规定程序审批项目，未开展初设审批工作，未取得初设批复文件。

2020 年内部审计中此问题被列入审计巡察负面清单，计入企业负责人考核。

▨ 三、形成原因分析

技改项目的费用切块来源于已批复的初步设计文件，项目单位不清楚项目管理流程，所有合同签订无依据。

▨ 四、后期规范措施

加强项目管理培训。项目管理单位应定期开展项目档案管理工作检查、评价和考核，检查结果纳入公司生产技改大修专业精益化管理评价体系。

10.3 问题：工程档案资料不规范

一、审核依据

■ 《国家电网公司生产技术改造和设备大修项目档案管理工作手册》

二、典型案例

【案例10.3.1】验收签字不规范

××35kV 配电站新建工程，业主项目部在隐蔽工程记录审核签字资料、开工报审表资料中验收人员签字造假（名字签错）。

【案例10.3.2】工程竣工验收手续不齐

2019 年中小修项目"国网××供电公司实物 ID 建设标签及安装"，该项目竣工验收报告中只有"项目实施单位"和"项目主管部门"签章，无验收人员签字。

三、形成原因分析

（1）施工项目部资料员责任心不强，隐蔽工程验收记录中建设单位项目负责人"刘志×"签字由资料员代签为"刘正×"；开工报审表中建设单位项目负责人"刘志×"签字由资料员代签为"刘正×"，资料代签，未能按照项目档案管理规定履职到位。

（2）相关人员对项目档案管理规定认识不足。

（3）项目单位对竣工验收工作重要性认识不足，未按相关规定进行中间验收及竣工验收程序。

四、后期规范措施

加强项目管理培训，加强档案归档考核，项目管理单位应定期开展项目档案管理工作检查、评价和考核，检查结果纳入公司生产技改大修专业精益化管理评价体系。